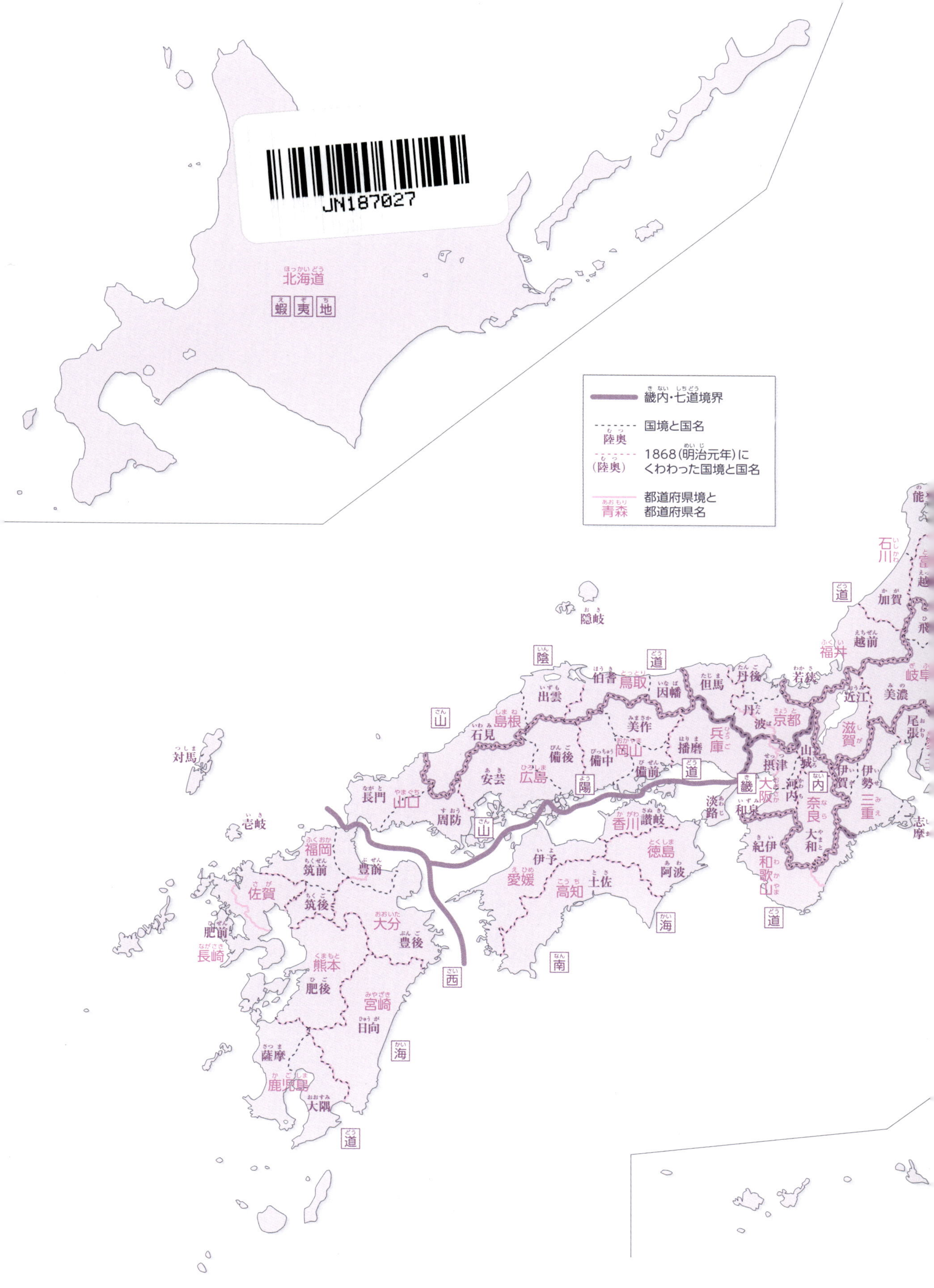

北海道
蝦夷地
畿内・七道境界
国境と国名
陸奥
1868(明治元年)にくわわった国境と国名
(陸奥)
都道府県境と都道府県名
青森
能
石川
加賀
越前
福井
道
隠岐
陰
道
伯耆
鳥取
因幡
但馬
丹後
若狭
近江
美濃
岐阜
出雲
島根
石見
美作
丹波
京都
滋賀
尾張
山
備後
備中
岡山
播磨
兵庫
山城
伊賀
伊勢
安芸
広島
備前
摂津
河内
内
三重
長門
山口
周防
陽
道
畿
大阪
奈良
淡路
和泉
大和
志摩
対馬
壱岐
山
香川
讃岐
紀伊
和歌山
福岡
筑前
豊前
伊予
徳島
愛媛
土佐
阿波
佐賀
筑後
高知
海
道
肥前
長崎
大分
豊後
熊本
南
西
肥後
宮崎
日向
海
薩摩
鹿児島
大隅
道

新・日本の歴史 3

武士と新仏教の誕生

鎌倉時代

【監修】山折哲雄　【著】大角 修

小峰書店

目次

＊本書では、和暦（西暦）の順で年を記し、月日は旧暦によりました。年齢は数え年です。
＊寺社名は、現在の名称を原則としました。
＊歴史資料の引用文はわかりやすくあらためました。ただし、漢詩は原文を付記しました。

第一章

末法到来《まっぽうとうらい》

平安《へいあん》時代末期の乱世《らんせ》から鎌倉《かまくら》時代へ

首渡《くびわたし》と六条河原《ろくじょうがわら》の獄門《ごくもん》

◆首渡《くびわたし》

平家《へいけ》一門（平氏《へいし》）の栄華《えいが》と滅亡《めつぼう》を語る『平家物語《へいけものがたり》』に「首渡《くびわたし》」という章があります。寿永《じゅえい》三年（一一八四）二月七日、源 義経《みなもとのよしつね》の軍勢《ぐんぜい》が須磨《すま》の浜辺《はまべ》（神戸《こうべ》市須磨《すま》区）の平氏《へいし》の陣《じん》めがけて崖《がけ》をかけくだりました。一《いち》ノ谷《たに》の合戦《かっせん》です。この合戦《かっせん》で平氏《へいし》は大敗し、船で屋島《やしま》（香川《かがわ》県）にのがれましたが、このとき多くの武将《ぶしょう》の首がうたれました。

その首は京に運ばれ、源氏《げんじ》の武士たちが首をかかげて都の大路を行進しました。その首渡《くびわたし》の列は、六条大路《ろくじょうおおじ》をとおって、鴨川《かもがわ》の六条河原《ろくじょうがわら》につき、首は獄門《ごくもん》にさらされたのです。

獄門《ごくもん》は牢獄《ろうごく》の門という意味ですが、このばあいは晒《さら》し首《くび》をおく場所のことです。平氏《へいし》の首はみせしめのために、六条河原《ろくじょうがわら》にずらりとかけられたのでした。その首のなかには身分の高い公達《きんだち》らの首もありました。

平氏《へいし》は源氏《げんじ》とならんで大きな武士団をひきいた家門《かもん》で、源平《げんぺい》の戦《たたか》いにやぶれるまでは栄華《えいが》をきわめました。棟梁《とうりょう》（首長）の平 清盛《たいらのきよもり》（一一一八～一一八一年）

御所《ごしょ》の焼きうち　武士たちは戦《たたか》いに勝つため、上皇《じょうこう》の御所《ごしょ》にさえ火をつけた。
（『平治物語絵巻』国立国会図書館蔵）

は武士としてはじめて朝廷《ちょうてい》の官人《かんにん》の最高位である太政大臣《だいじょうだいじん》になり、娘《むすめ》の徳子《とくこ》を天皇《てんのう》の后《きさき》にしてうまれた皇子《おうじ》をわずか三歳《さい》で即位《そくい》させました。安徳天皇《あんとくてんのう》です。

そうして平家《へいけ》一門は栄達し、『平家物語《へいけものがたり》』には「一門でなければ人ではない」というほどの権勢《けんせい》をほこったと語られています。

◆保元《ほうげん》・平治《へいじ》の乱《らん》

この平氏《へいし》の栄達は保元《ほうげん》の乱《らん》（一一五六年）と平治《へいじ》の乱《らん》（一一五九年）の結果です。このふたつの戦乱《せんらん》は、天皇《てんのう》と上皇《じょうこう》（退位《たいい》した天皇《てんのう》）の対立に藤原《ふじわら》氏内部の勢力《せいりょく》争いがからんでおこりました。藤原《ふじわら》氏には多くの家系《かけい》があり、皇族《こうぞく》の皇位《こうい》をめぐる争いにも関与《かんよ》していたのです。

天皇《てんのう》・上皇《じょうこう》と藤原《ふじわら》氏はそれぞれに源氏《げんじ》・平氏《へいし》の武士をみかたにつけて戦いました。そして、勝ちぬいた平清盛《たいらのきよもり》と平家《へいけ》一門が権力《けんりょく》をにぎったのです。

この結果は都の貴族《きぞく》たちにとって、思わぬなりゆきでした。それまで皇族《こうぞく》・貴《き》族《ぞく》は武士を身分の低いものとしてみくだし、自分たちの警固《けいご》や戦《たたか》いに利用するだけだったからです。しかし、保元《ほうげん》・平治《へいじ》の乱《らん》の結果、平家《へいけ》一門の武将《ぶしょう》らは高位の貴族《きぞく》の身分と、それまで藤原《ふじわら》氏が独占《どくせん》してきた朝廷《ちょうてい》の役職《やくしょく》、地方の国々の国守《こくしゅ》（国司《こくし》の長）の地位、さらには全国に多くの荘園《しょうえん》（支配権《しはいけん》をもつ村々）を手にいれ、富《とみ》と権力《けんりょく》をにぎったのでした。

桓武天皇《かんむてんのう》が平安京《へいあんきょう》に遷都《せんと》（七九四年）してから三百数十年、都が戦場になったのは、保元《ほうげん》・平治《へいじ》の乱《らん》がはじめてでした。平治《へいじ》の乱《らん》では、上皇《じょうこう》がすむ院《いん》の御所《ごしょ》に火矢がはなたれ、燃えあがった館《やかた》からのがれでた人が多く殺害されるなど、あっ

【平家物語《へいけものがたり》】琵琶《びわ》で弾《ひ》き語《がた》りをすることから琵琶法師《びわほうし》とよばれた盲目《もうもく》の僧《そう》が、平家《へいけ》の盛衰《せいすい》を語った物語。鎌倉《かまくら》時代の吉田兼好《よしだけんこう》の随筆《ずいひつ》『徒然草《つれづれぐさ》』によれば、比叡山《ひえいざん》（延暦寺《えんりゃくじ》）の慈円《じえん》（一一五五～一二二五年）がめしかかえていた行長《ゆきなが》という人がつくり、生仏《しょうぶつ》という盲目《もうもく》の人におしえたものだという。

首をかかげて行進する武士　長刀《なぎなた》につるされているのは平治《へいじ》の乱《らん》でやぶれた貴族《きぞく》、信西《しんぜい》の首。
（『平治物語絵巻』国立国会図書館蔵）

てはならないことがおこりました。また、自害《じがい》した貴族《きぞく》の信西《しんぜい》（藤原通憲《ふじわらのみちのり》）の死体がほりおこされ、首が都の大路をわたされて獄門《ごくもん》にさらされました。上の『平治物語絵巻《へいじものがたりえまき》』の絵は、信西《しんぜい》の首を長刀《なぎなた》につるしてあるく武士のすがたです。また、正三位《しょうさんみ》という高い身分の公卿《くぎょう》だった藤原信頼《ふじわらのぶより》が六条河原《ろくじょうがわら》で斬首《ざんしゅ》されたことも、たいへん大きな衝撃《しょうげき》を人びとにあたえました。源《みなもとの》頼朝《よりとも》・義経《よしつね》兄弟の父・義朝《よしとも》も乱《らん》にやぶれて殺され、首は六条河原《ろくじょうがわら》の獄門《ごくもん》にさらされました。

平安時代《へいあんじだい》には、たとえ死罪《しざい》にあたる罪《つみ》をおかしても流罪《るざい》にとどまり、およそ三百五十年にわたって死罪《しざい》がおこなわれませんでした。おそらく死のけがれをおそれたためでしょうが、それほど長期に死刑《しけい》がなかったのは世界に例のないことだといわれています。

しかし、それは都だけのことです。平安《へいあん》時代中ごろから開墾《かいこん》した土地などを私有《しゆう》するようになった地方の武士は命をかけて土地を争い、その戦《たたか》いのなかで殺しあうのがあたりまえのようにおこなわれていました。そうした武士の風習が保元《ほうげん》・平治《へいじ》の乱《らん》によって都にもちこまれたのです。源氏《げんじ》も平氏《へいし》も親・兄弟が殺しあったりしました。それに高い身分の貴族《きぞく》まで斬首《ざんしゅ》されたことは、まるで天がくずれるかのような衝撃《しょうげき》だったはずです。そのころから「もはや末法《まっぽう》である」とさかんにいわれるようになりました。

末法《まっぽう》の悪世《あくせ》

◆三つの時代

仏教の経典に、釈迦《しゃか》が入滅《にゅうめつ》して世を去ると、仏法《ぶっぽう》（仏の教えや仏の威力《いりょく》）は正《しょう》

悪世《あくせ》のようす　釈迦《しゃか》の滅《めつ》後《ご》、世はしだいにおとろえていく。像法《ぞうほう》の世には仏の威光《いこう》をかさにきた人びとが修行者を杖《つえ》で打ったり，石を投げつけたりするようになり、末法《まっぽう》の悪世《あくせ》にはさらにみだれた世の中になるという。左の絵は像法《ぞうほう》のようす。（『科註妙法蓮華経』江戸時代より）

法《ぼう》・像法《ぞうほう》・末法《まっぽう》の順におとろえていくと説かれています。

はじめの正法《しょうぼう》の時代には仏法が正しく伝わり、世の中は仏の威光《いこう》にみちて、人びとは正しく生きていくことができます。

次に像法《ぞうほう》の時代がきます。像とは、まねたかたちという意味です。この時代には大きな寺院がたてられますが、仏法はかたちだけのものになり、僧《そう》が仏の威光《いこう》をかさにきていばります。まじめに修行《しゅぎょう》しようとする人は、かえってばかにされ、石をなげつけられたり、棒《ぼう》でうたれたりします。

さらに末法《まっぽう》の時代になると、仏法はおとろえて世の中に飢饉《ききん》や疫病《えきびょう》がはやり、人びとは三毒《さんどく》とよばれる貪欲《とんよく》（欲望《よくぼう》）と瞋恚《しんに》（怒《いか》り）と愚痴《ぐち》（おろかさ）などの煩悩《ぼんのう》に迷い、苦しみます。その苦しみをなくそうとしても、人びとの機根《きこん》（能力や素質）は悪くなり、もはやまともに修行することもできません。そんな世の中を五濁悪世《ごじょくあくせ》（いろいろな罪《つみ》や悪にそまった世）といいました。

◆今年から末法《まっぽう》に入る

三つの時代の長さは正法《しょうぼう》千年、像法《ぞうほう》千年、末法《まっぽう》は一万年もつづくといいます。そして、平安《へいあん》時代後期に比叡山《ひえいざん》（延暦寺《えんりゃくじ》）の僧《そう》の皇円《こうえん》（?～一一六九年?）がまとめた歴史書『扶桑略記《ふそうりゃっき》』には、永承《えいしょう》七年（一〇五二）を「末法初年《まっぽうしょねん》」として次のように書かれています（「扶桑《ふそう》」は日本のこと）。

一月二十六日、千人の僧《そう》を大内裏《だいだいり》（宮中）の大極殿《だいごくでん》にまねいて観音経《かんのんぎょう》を読《どく》誦《じゅ》させた。去年の冬から疫病《えきびょう》が流行し、年があらたまってもさかんなので、その災《わざわ》いをのぞくためである。今年から末法《まっぽう》に入る。（中略）三月二十八日、左大臣藤原頼通《さだいじんふじわらのよりみち》が宇治《うじ》の別荘《べっそう》を寺にあらため、仏像を安置して法華三昧《ほっけざんまい》（二十一日間にわたる法華経《ほけきょう》の仏事《ぶつじ》）を修《しゅ》して平等院《びょうどういん》と名づけた。

平等院鳳凰堂《びょうどういんほうおうどう》　極楽浄土《ごくらくじょうど》の宮殿《きゅうでん》をあらわし、中央に阿弥陀仏《あみだぶつ》が坐《ざ》している。（京都府宇治市）

平等院《びょうどういん》（京都府宇治市《うじ》）は平安《へいあん》時代中ごろに栄華《えいが》をほこった藤原道長《ふじわらのみちなが》の子の頼《より》通《みち》が別荘《べっそう》を寺にしたもので、華麗《かれい》な鳳凰堂《ほうおうどう》は極楽浄土《ごくらくじょうど》の仏である阿弥陀《あみだ》仏《ぶつ》をまつる仏堂です。平安《へいあん》時代には極楽《ごくらく》への往生《おうじょう》を願う浄土信仰《じょうどしんこう》がさかんになりました。宇治《うじ》の平等院《びょうどういん》は末法到来《まっぽうとうらい》の年に現世《げんせ》をはかなみ、来世《らいせ》には極楽《ごくらく》にうまれることを願って建立《こんりゅう》したといわれています。

『扶桑略記《ふそうりゃっき》』には、そのころ世は末法《まっぽう》になって疫病《えきびょう》が流行していると書かれています。また、その年には多くの人が参拝《さんぱい》する長谷寺《はせでら》（奈良県桜井《さくらい》市）が炎上《えんじょう》してしまったともあります。

しかし、四月には大内裏《だいだいり》の豊楽殿《ぶらくでん》（皇居《こうきょ》の建物）で如説仁王会《にょせつにんのうえ》という大きな法《ほう》会《え》がおこなわれました。末法《まっぽう》がはじまったという年におこなわれたのは、奈良《なら》時代から鎮護国家《ちんごこっか》の経典とされてきた仁王経《にんのうきょう》や法華経《ほけきょう》を読誦《どくじゅ》する大法会《だいほうえ》をいとなむことだったのです。

◆院政《いんせい》のはじまり

その大法会《だいほうえ》や平等院《びょうどういん》の華麗《かれい》な阿弥陀堂《あみだどう》の建立《こんりゅう》は藤原《ふじわら》氏の絶頂期《ぜっちょうき》のことでした。しかし、応徳《おうとく》三年（一〇八六）には白河天皇《しらかわてんのう》が譲位《じょうい》して上皇《じょうこう》になったのち、上《じょう》皇《こう》がくらす院《いん》におかれた院庁《いんのちょう》という役所が力をもつようになりました。院庁《いんのちょう》は藤原《ふじわら》氏が摂政《せっしょう》・関白《かんぱく》として権力《けんりょく》をにぎる朝廷《ちょうてい》と並立《へいりつ》し、なにかと対立するようになりました。平安《へいあん》時代後期の院政期《いんせいき》とよばれる時期のはじまりです。

それから七十年、ついに対立は保元《ほうげん》・平治《へいじ》の乱《らん》となりました。その後、後白河《ごしらかわ》法皇《ほうおう》（法皇《ほうおう》は出家《しゅっけ》の形をとった上皇《じょうこう》）が院政《いんせい》をしき、実権《じっけん》は平氏《へいし》がにぎる世になったものの、治承《じしょう》四年（一一八〇）には源頼朝《みなもとのよりとも》らが挙兵《きょへい》。寿永《じゅえい》三年（一一八四）には先にお話しした一《いち》ノ谷《たに》の合戦《かっせん》で平氏《へいし》はやぶれ、あくる元暦《げんりゃく》二年（一一八五）、関門海峡《かんもんかいきょう》の壇《だん》ノ浦《うら》（山口県）の合戦《かっせん》で平氏《へいし》は滅亡《めつぼう》しました。

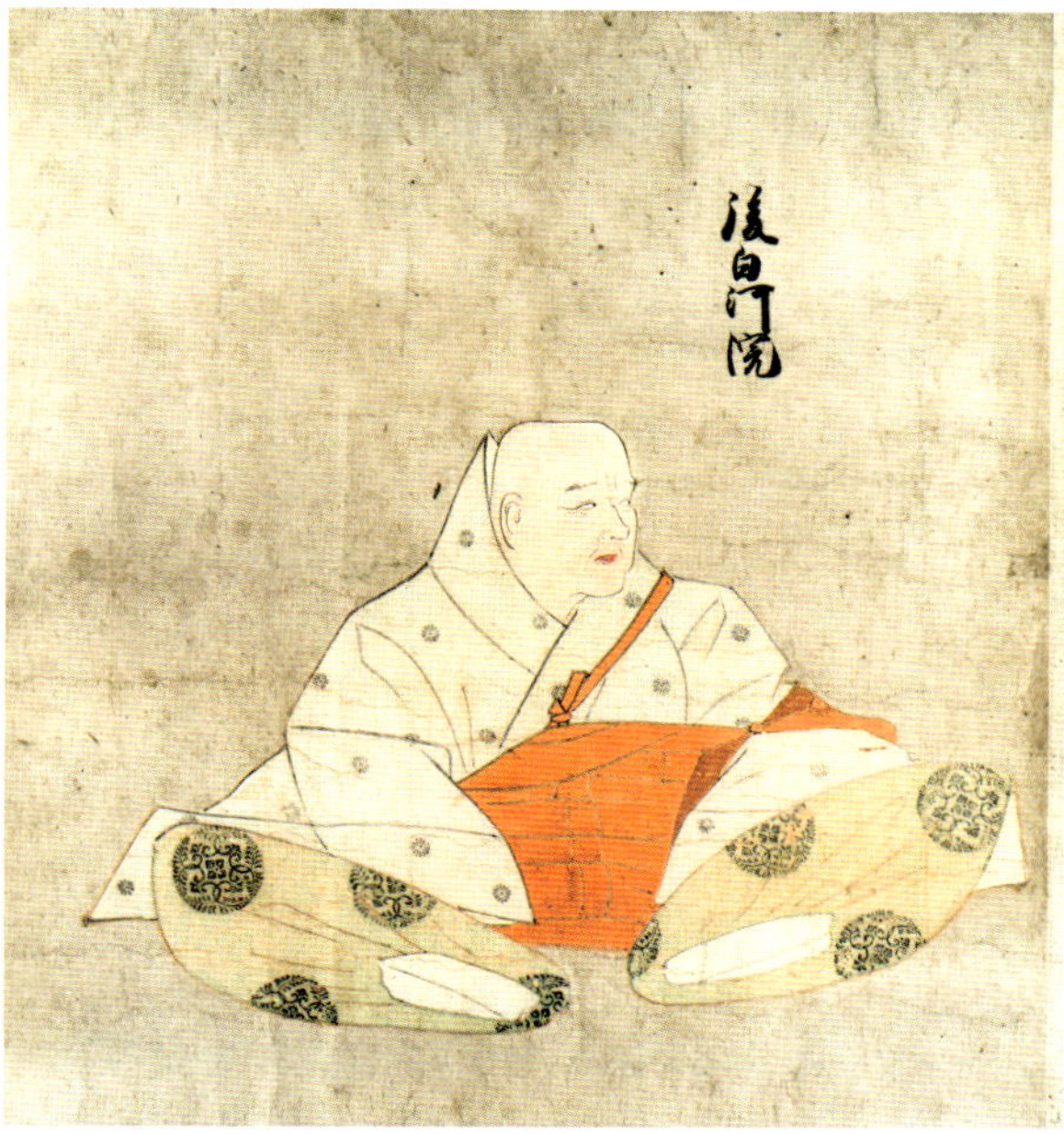

後白河法皇《ごしらかわほうおう》　源平《げんぺい》の争乱《そうらん》のころに政治《せいじ》を動かした。
（『天子摂関御影』宮内庁蔵）

この治承《じしょう》・寿永《じゅえい》の乱《らん》を「源平《げんぺい》の争乱《そうらん》」とも「源平合戦《げんぺいかっせん》」ともいいます。その戦《たたか》いに源頼朝《みなもとのよりとも》が勝ちぬいたことで鎌倉《かまくら》に武家政権《ぶけせいけん》が誕生《たんじょう》し、世は鎌倉《かまくら》時代となります。

悪人にも仏心《ほとけごころ》がある

◆末法《まっぽう》のともしび

末法《まっぽう》には人の機根《きこん》（能力や素質）がおとろえて悪にそまり、正しいことはできなくなるといわれます。戒律《かいりつ》をまもって修行することもできません。そして、いよいよ末法《まっぽう》になったと考えられた平安《へいあん》時代末期に『末法燈明記《まっぽうとうみょうき》』という書物が世に広まりました。それは浄土宗《じょうどしゅう》の法然《ほうねん》、臨済宗《りんざいしゅう》の栄西《えいさい》、浄土真宗《じょうどしんしゅう》の親鸞《しんらん》、日蓮宗《にちれんしゅう》の日蓮《にちれん》など、いわゆる鎌倉新仏教《かまくらしんぶっきょう》の開祖《かいそ》たちが引用し、人びとに大きな影響《えいきょう》をあたえた書物です。

『末法燈明記《まっぽうとうみょうき》』には「末法《まっぽう》には、ただ名字《みょうじ》の比丘《びく》のみ有《あ》り」と書かれています。「名字《みょうじ》の比丘《びく》」とは名前だけ、かたちだけの僧《そう》ということです。そして『末法燈《まっぽうとう》明記《みょうき》』は、「末法《まっぽう》の世によく戒《かい》をたもっている者がいるというなら、それは怪異《かいい》で、町に虎《とら》がいるようなものだ」といい、「今はまったく無戒《むかい》の世であるから、無戒《むかい》名字《みょうじ》の比丘《びく》こそ末法《まっぽう》の闇夜《やみよ》をてらす灯火《ともしび》である」というのです。

当時、奈良の寺々や比叡山《ひえいざん》などの大寺院では、豪華《ごうか》な袈裟《けさ》（僧《そう》の衣装《いしょう》）を身につけた身分の高い僧《そう》がだいじにされていました。もし今が、仏の威光《いこう》がのこっている像法《ぞうほう》の世ならば、りっぱな寺院や僧《そう》にも意味があることでしょう。しかし末法《まっぽう》になった今は、身分が高くてえらいお坊《ぼう》さんより、ふつうの人と同じようにく

言葉

「心」について

だれの心にも「仏性《ぶっしょう》」があるということは、「真心《まごころ》がだいじ」など、よくつかわれる言葉にもなっています。

［本心は悪くない］

つい、悪いことをしてしまった。でも、本心は悪くないんだ。

［根っからの悪人はいない］

どんな悪人でも、根っからの悪人はいない。しかたなく悪いことをしたんだ。

［仏の顔も三度まで］

でも、「仏の顔も三度まで」ともいう。こんど悪いことをしたら、ゆるさないよ。

らす僧《そう》のほうが世の灯火《ともしび》になって、人びとをみちびくことができるということです。この『末法燈明記《まっぽうとうみょうき》』は平安時代の初期に比叡山延暦寺《ひえいざんえんりゃくじ》をひらいた天台宗《てんだいしゅう》の開祖《かいそ》・最澄《さいちょう》の著《ちょ》として世に広まりました。

◆本覚法門《ほんがくぼうもん》

同じころ、平安時代中期の比叡山《ひえいざん》の僧《そう》・源信《げんしん》が書いたという『本覚讃釈《ほんがくさんしゃく》』という書物が広まりました。その書物は、「たとえ一生、悪いことばかりして善いことはしなくても心造諸如来《しんぞうしょにょらい》（自分の心にある仏）をみつめよ」という意味の言葉でむすばれています。

源信《げんしん》は地獄《じごく》のようすを書いた『往生要集《おうじょうようしゅう》』の著者《ちょしゃ》として有名ですが、じつは『往生要集《おうじょうようしゅう》』の「対治魔事《たいじまじ》」という項《こう》には「魔界《まかい》こそ仏界《ぶっかい》（仏の世界）である」として次のように記《しる》されています。

魔界《まかい》も仏界《ぶっかい》も空《くう》（うつりかわるもの）であり、無相《むそう》（固定したかたちはないもの）です。諸法《しょほう》（あらゆる事物）の無相《むそう》ということが仏の真実であり、魔《ま》界《かい》がそのまま仏身《ぶっしん》（仏の身体）、我《わ》が身《み》も仏身《ぶっしん》であると知らねばなりません。人びとはまだ迷いの夢からさめていないので、この真実のすがたがわからず、迷いの世界を輪廻《りんね》しています。

『本覚讃釈《ほんがくさんしゃく》』では、魔界《まかい》の鬼《おに》でも「本覚《ほんがく》」という点で仏と同じだというのです。本覚《ほんがく》とは「本来の覚《かく》（さとり）」という意味です。それは人の心にもとからあるもので、仏性《ぶっしょう》（仏と等しい性質）ともいいます。

どんな人にも仏性《ぶっしょう》があるのに、そのことに気づかず、さまざまな欲望《よくぼう》にとらわれて悪にはしります。しかし仏性《ぶっしょう》そのものは、なくなることも傷《きず》つくことも

鬼界ヶ島《きかいがしま》の図　鬼界ヶ島《きかいがしま》には平康頼《たいらのやすより》、僧《そう》の俊寛《しゅんかん》ら３人が流された。
（『平家物語図会』早稲田大学図書館古典籍総合データベース）

ありません。心をもとにもどして仏性《ぶっしょう》に目ざめれば、仏のように安らかになる。そこから本覚法門《ほんがくぼうもん》とよばれる教えがうまれ、比叡山《ひえいざん》を中心に広まりました。今の日本で「どんな人でも仏心《ほとけごころ》をもっている」などといわれるのも、その大きなみなもとに本覚法門《ほんがくぼうもん》があります。

末法《まっぽう》一万年の阿弥陀仏《あみだぶつ》

◆宝物《たからもの》のような仏の物語

ところで、保元《ほうげん》・平治《へいじ》の乱《らん》で平清盛《たいらのきよもり》が力をのばしたあとの安元《あんげん》三年（一一七七）、鹿ケ谷《ししがたに》事件とよばれるできごとがありました。後白河法皇《ごしらかわほうおう》の近臣と僧《そう》の俊寛《しゅんかん》・西光《さいこう》らが京都東山《ひがしやま》の鹿ケ谷《ししがたに》の山荘《さんそう》にあつまって平家打倒《へいけだとう》の計略《けいりゃく》をねっていたところ、清盛《きよもり》に密告《みっこく》されて西光《さいこう》は死罪《しざい》、俊寛《しゅんかん》と平康頼《たいらのやすより》（後白河法皇《ごしらかわほうおう》につかえた武士）は九州の鬼界ケ島《きかいがしま》に流されました。『平家物語《へいけものがたり》』の「卒塔婆流《そとばながし》」という章で有名な事件です。

平康頼《たいらのやすより》は帰京をゆるされたあと、『宝物集《ほうぶつしゅう》』という説話集をあらわしました。京都の嵯峨《さが》・清凉寺《せいりょうじ》に参籠《さんろう》し、やはりおまいりにきた人びとと語りあった話を記《しる》したという書物です。それは、ただの物語ではありません。お寺の仏の前で語りあった人は、はたして人間だったのか。もしかしたら仏の化身《けしん》だったのか。どちらにしても仏がさずけてくれた物語だから、宝物《たからもの》だというのです。

『宝物集《ほうぶつしゅう》』は鬼界ケ島《きかいがしま》に流された自身の体験からはじめて、地獄《じごく》や餓鬼《がき》（飢餓《きが》の幽鬼《ゆうき》の世界）・修羅《しゅら》（争いあう鬼《おに》の世界）の物語を語りながら、最後に「末法《まっぽう》万年におきては弥陀《みだ》の一教《いちきょう》をたのむべし」と記《しる》されています。

熊野那智参詣曼荼羅《くまのなちさんけいまんだら》　熊野《くまの》は和歌山県の紀伊《きい》半島の南端《なんたん》にある。平安《へいあん》時代にはじまった熊野詣《くまのもうで》は江戸《えど》時代にはたいへんさかんになり、参拝者《さんぱいしゃ》の列のようすから「蟻《あり》の熊野詣《くまのもうで》」といわれるほどになった。左の図は熊野《くまの》の絵解きにつかわれた絵画で、那智《なち》の滝《たき》、西国《さいごく》三十三観音札所《かんのんふだしょ》の第一番・青岸渡寺《せいがんとじ》などがえがかれている。（國學院大學図書館蔵）

人びとの性質が悪くなってしまった末法《まっぽう》には、どんな人でも極楽浄土《ごくらくじょうど》にむかえるという阿弥陀仏《あみだぶつ》の教えだけがたよりだというのです。鎌倉新仏教《かまくらしんぶっきょう》の法然《ほうねん》や親鸞《しんらん》も、末法《まっぽう》には阿弥陀仏《あみだぶつ》にたよるほかないというのですが、平康頼《たいらのやすより》は、阿弥《あみ》陀仏《だぶつ》の教えはインドの王が魔王《まおう》から隠《かく》してまもったものだと書いています。

その王とは、仏教の開祖《かいそ》・釈迦《しゃか》の父です。王は末法《まっぽう》一万年の未来をみこして、釈迦《しゃか》が阿弥陀仏《あみだぶつ》のことを説いた経典を泥《どろ》のなかにうめておいた。その後、魔王《まおう》の兵が来襲《らいしゅう》して財宝《ざいほう》や経典をうばっていったけれど、阿弥陀仏《あみだぶつ》の経典だけは金のように泥《どろ》のなかでもくさらずにのこったというのです。

◆「神仏の中世」のはじまり

『宝物集《ほうぶつしゅう》』で釈迦《しゃか》の父王が阿弥陀仏《あみだぶつ》の経典を魔王《まおう》の手からまもったというのは日本で語りだされた物語のひとつです。

『古事記《こじき》』『日本書紀《にほんしょき》』などの古代神話をもとに、だんだん神と仏がまざりあうかたちで、あらたな神仏の物語が語りだされたのです。鎌倉《かまくら》・室町《むろまち》時代（中世）には各地の寺社や山々が神仏の霊場《れいじょう》としてさかんに語られるなど、中世神話とか「中世日本紀《ちゅうせいにほんぎ》」と総称《そうしょう》される神話・伝説群がうまれます。そして末法到来《まっぽうとうらい》の世に、神仏のことはかえって大きく人びとの心をしめるようになり、「神仏の中世」といわれる時代がはじまりました。

その熱気は、東大寺大仏《とうだいじだいぶつ》の再建《さいこん》や鎌倉大仏《かまくらだいぶつ》の建立《こんりゅう》をすすめた勧進聖《かんじんひじり》の活動にみられます。また、世界遺産《せかいいさん》「紀伊《きい》山地の霊場《れいじょう》と参詣道《さんけいみち》」の熊野詣《くまのもうで》がさかんになったのも、そのころです。熊野《くまの》の那智大社《なちたいしゃ》・青岸渡寺《せいがんとじ》を第一番札所《ふだしょ》に、長谷寺《はせでら》・清《きよ》水寺《みずでら》などの観音霊場《かんのんれいじょう》をめぐる、西国《さいごく》三十三観音札所《かんのんふだしょ》の巡礼《じゅんれい》もはじまりました。

そうしたなかで、いわゆる鎌倉新仏教《かまくらしんぶっきょう》が誕生《たんじょう》し、古い伝統と権威《けんい》をもつ奈良の寺院や比叡山《ひえいざん》・高野山《こうやさん》などもまた大きな力をもつようになったのでした。

第二章

東大寺《とうだいじ》の再建《さいこん》

南都炎上《なんとえんじょう》のあとに

重源《ちょうげん》　平氏《へいし》の軍勢《ぐんぜい》に攻《せ》められて燃えおちた東大寺《とうだいじ》の再建《さいこん》をすすめた。

（兵庫県小野市・浄土寺蔵）

東大寺再建《とうだいじさいこん》の勧進《かんじん》

◆南都炎上《なんとえんじょう》

源平《げんぺい》の争乱《そうらん》がはじまった治承《じしょう》四年（一一八〇）のことです。そのころの比叡山《ひえいざん》や南都《なんと》（奈良《なら》）の寺々は、おおぜいの僧兵《そうへい》をもつ武装勢力《ぶそうせいりょく》でもありました。平清盛《たいらのきよもり》は、平氏打倒《へいしだとう》の動きに南都《なんと》が加勢することを警戒《けいかい》し、子の重衡《しげひら》に南都攻《なんとぜ》めを命じました。同年十二月、平家軍《へいけぐん》が興福寺《こうふくじ》や東大寺《とうだいじ》に火をはなつと、おりからの冬の北風にあおられて燃えあがり、東大寺《とうだいじ》の大仏も焼けおちてしまいました。ときの右大臣九条《うだいじんくじょう》（藤原《ふじわら》）兼実《かねざね》は日記（『玉葉《ぎょくよう》』）に「南都《なんと》の寺々はことごとく灰燼《かいじん》となり、仏法も王法《おうほう》（世の秩序《ちつじょ》）も滅尽《めつじん》してしまった」となげいています。

東大寺《とうだいじ》は奈良時代の建立《こんりゅう》から四百年あまり、鎮護国家《ちんごこっか》のかなめでした。そのままにはできないので、翌年《よくとし》、後白河法皇《ごしらかわほうおう》は俊乗房重源《しゅんじょうぼうちょうげん》（一一二一〜一二〇六年）を再建《さいこん》のための大歓進職《だいかんじんしょく》に任《にん》じます。勧進《かんじん》は寺社への寄進《きしん》をつのることで、そのもとじめが大勧進職《だいかんじんしょく》です。重源《ちょうげん》は一輪車六台をつくって、みずから勧進《かんじん》の旅にでました。ときに六十一歳《さい》でした。

歌舞伎《かぶき》「勧進帳《かんじんちょう》」 江戸《えど》時代の民衆《みんしゅう》に親しまれた歌舞伎《かぶき》でも、「勧進帳《かんじんちょう》」は人気だった。中央が弁慶《べんけい》、左が 源 義経《みなもとのよしつね》、右は関守《せきもり》の武士。

◆重源《ちょうげん》の勧進《かんじん》

重源《ちょうげん》は真言宗《しんごんしゅう》の醍醐寺《だいごじ》（京都市伏見区《ふしみ》）で出家《しゅっけ》し、紀伊《きい》半島の大峰山《おおみねさん》や熊野《くまの》の山々で修行《しゅぎょう》しました。大きな寺院の身分の高い僧《そう》ではなく、民間の祈禱僧《きとうそう》の性格をもつ僧《そう》でしたが、中国にわたって名高い寺々をめぐったといいます。

そのころ、寺院・神社への寄進《きしん》をつのって遊行《ゆぎょう》（旅）する勧進聖《かんじんひじり》とよばれる僧《そう》がさかんに活動するようになっていました。東大寺大仏再建《とうだいじだいぶつさいこん》には周防国《すおうのくに》（山口県）の税があてられ、貴族《きぞく》や鎌倉幕府《かまくらばくふ》の寄進《きしん》もありましたが、重源《ちょうげん》は勧進聖《かんじんひじり》たちを大仏再建《だいぶつさいこん》に結集し、広く民衆《みんしゅう》に寄進《きしん》をよびかけました。

鎌倉《かまくら》時代に書かれた『東大寺続要録《とうだいじぞくようろく》』という記録によれば、それは奈良時代の聖武天皇《しょうむてんのう》の「大仏造立《だいぶつぞうりゅう》の 詔《みことのり》」〈第一巻《かん》参照〉にあわせて「一粒半銭《いちりゅうはんせん》でも寸鉄《すんてつ》尺木《しゃくぼく》でも寄進《きしん》する人は来世《らいせ》に何度も生まれかわり、どこに生まれようとも、かならず仏のふしぎな力によって景福《けいふく》（大きな幸福）をたもつであろう」と、毘盧《びる》遮那《しゃな》の大仏との結縁《けちえん》をすすめ、寄進《きしん》をよびかけるものでした。

その勧進聖《かんじんひじり》のお話が弁慶《べんけい》の「勧進帳《かんじんちょう》」です。平家滅亡《へいけめつぼう》ののち、源 義経《みなもとのよしつね》は兄の頼朝《よりとも》に追われるようになりました。山伏《やまぶし》に変装《へんそう》して逃亡《とうぼう》する旅で安宅《あたか》の関《せき》（石川県小松《こまつ》市）をとおろうとしたとき、関守《せきもり》に義経《よしつね》の一行ではないかとうたがわれます。そのとき弁慶《べんけい》がとっさに勧進帳《かんじんちょう》の文をよみあげるふりをしたことで、関守《もり》は義経《よしつね》の一行だと知りながら関所をとおしました。兄に追われる義経《よしつね》をあわれに思ったからという、のちにつくられた話ですが、それだけでなく、東大寺再建《とうだいじさいこん》の勧進文《かんじんもん》をとなえられては手をだせないのでした。

江戸《えど》時代の歌舞伎《かぶき》で有名になった話ですが、勧進聖《かんじんひじり》は神仏の仕事にたずさわる者として、鎌倉《かまくら》時代でもそのような力をもっていたのです。当時の代表的な歌人で旅の僧《そう》だった西行《さいぎょう》（一一一八〜一一九〇年）も、その勧進《かんじん》のために奥州平泉《おうしゅうひらいずみ》

東大寺南大門《とうだいじなんだいもん》の金剛力士像《こんごうりきしぞう》　寺の入口をまもるのが金剛力士《こんごうりきし》（仁王《におう》）で、口をひらいた阿形像《あぎょうぞう》と口をとじた吽形像《うんぎょうぞう》である。奈良仏師《ならぶっし》とよばれる仏像制作の技術者をひきいた運慶《うんけい》・快慶《かいけい》によってつくられた。

（岩手県平泉町《ひらいずみちょう》）までいきました。

その勧進《かんじん》によって四年後には大仏開《だいぶつかい》眼法要《げんほうよう》、十四年後の建久《けんきゅう》六年（一一九五）には大仏殿《だいぶつでん》が完成し、落慶《らっけい》の供養《くよう》会《え》がいとなまれました。ときの後鳥羽《ごとば》天皇《てんのう》が多くの殿上人《てんじょうびと》（高位の貴族《きぞく》）をしたがえて行幸《ぎょうこう》し、興福寺《こうふくじ》・東大寺《とうだいじ》の高僧《こうそう》はもちろん、寺々から千人の僧《そう》をあつめた大法会《だいほうえ》でした。

◆源《みなもとの》 頼朝《よりとも》の東大寺《とうだいじ》参詣《さんけい》

この大仏殿落慶《だいぶつでんらっけい》の供養会《くようえ》に源《みなもとの》 頼《より》朝《とも》が参列しました。将軍《しょうぐん》になって三年後のことです。鎌倉幕府《かまくらばくふ》の日誌《にっし》『吾《あ》妻鏡《ずまかがみ》』によれば、二月十四日に鎌倉《かまくら》を出発した頼朝《よりとも》は京の六波羅《ろくはら》の屋敷《やしき》にとどまったあと、三月十日に奈良にむかいました。

その行列は先陣《せんじん》に騎馬《きば》の武士百二十名がそれぞれ家子郎党《いえのころうとう》（家来）をしたがえて行進し、そのあとに将軍頼朝《しょうぐんよりとも》と有力な御家人《ごけにん》の一団、そのあとに騎《き》馬《ば》の武《ぶ》士百二十名、さらに後陣《こうじん》の武《ぶ》将《しょう》が騎馬《きば》でつづきます。

浄土寺《じょうどじ》の浄土堂《じょうどどう》　兵庫県小野《おの》市の浄土寺《じょうどじ》は重源《ちょうげん》がひらいた寺のひとつ。その浄土堂《じょうどどう》は阿弥陀三尊像《あみださんぞんぞう》がまつられている。

阿弥陀三尊像《あみださんぞんぞう》　仏師快慶《ぶっしかいけい》によってつくられた。阿弥陀如来《あみだにょらい》を中心に観音菩薩《かんのんぼさつ》（左）・勢至菩薩像《せいしぼさつぞう》（右）が立つ。この三尊像《さんぞんぞう》は外からさしこむ光を背景《はいけい》に、雲の上にのり、人を極楽《ごくらく》にむかえる来迎《らいごう》のようすをあらわしている。（写真提供・小野市）

三月十一日、頼朝《よりとも》は東大寺《とうだいじ》に馬千頭、米一万石《ごく》、黄金《おうごん》千両、絹千疋《きぬびき》（二千人分の着物にあたる量）を寄進《きしん》。そして十二日の明け方、頼朝《よりとも》の有力な御家人《ごけにん》（忠誠《ちゅうせい》を誓《ちか》った武士）の和田義盛《わだよしもり》と梶原景時《かじわらかげとき》が数万騎《すうまんき》の武士をひきいて東大寺《とうだいじ》の警護《けいご》につきました。そして夜明けとともに頼朝《よりとも》が大仏殿《だいぶつでん》に参詣《さんけい》したのですが、そのときちょっと、もめごとがありました。武士たちが警護《けいご》する門内に東大寺《とうだいじ》の衆徒《しゅと》（僧兵《そうへい》）がなだれこみ、あわや戦闘《せんとう》というさわぎになったのです。関東の武士が東大寺《とうだいじ》の浄域《じょういき》にたちいったことを非難《ひなん》したのでしょう。

そのとき、

「源氏《げんじ》も東大寺《とうだいじ》の再建《さいこん》につとめ、数百里の行程をふみこえて大伽藍《だいがらん》の縁辺《えんぺん》（はしっこ）にもうでた。無恥《むち》で罪深《つみぶか》い武士でさえ仏との結縁《けちえん》をのぞみ、落慶《らっけい》の供養《くよう》を祝っているのに、東大寺《とうだいじ》の僧《そう》たちがなぜよろこばないのか」

という頼朝《よりとも》の言葉に衆徒《しゅうと》たちのさわぎはおさまり、一行は威儀《いぎ》をただして大仏殿《だいぶつでん》に参詣《さんけい》しました。その日は大雨だったのに武士たちは雨にぬれるのもいとわず頼朝《よりとも》をとりまいています。そのようすに比叡山《ひえいざん》の天台座主《てんだいざす》・慈円《じえん》はおどろき、著書《ちょしょ》の『愚管抄《ぐかんしょう》』に「たいそうりっぱなことだ」と記《しる》し、源氏《げんじ》の世になったのは「道理《どうり》」であると書いています。

「道理《どうり》」とは「当然のこと」という意味です。慈円《じえん》はなぜ武士が力をもつ世の中になったのかを神代《かみよ》の昔からの歴史にたずねて「道理《どうり》」をさぐりだし、歴史書『愚管抄《ぐかんしょう》』をあらわしたのでした。

東大寺《とうだいじ》の僧《そう》と争う源氏《げんじ》の武士

重源《ちょうげん》の作善《さぜん》

◆南無阿弥陀仏作善集《なむあみだぶつさぜんしゅう》

東大寺再建《とうだいじさいこん》の工事がすべておわったのは、勧進《かんじん》の開始から二十二年たった建仁《けんにん》三年（一二〇三）のことでした。ときに重源《ちょうげん》は八十三歳《さい》。そのころ重源《ちょうげん》は生涯《しょうがい》の事績《じせき》を箇条書《かじょうが》きにした『南無阿弥陀仏作善集《なむあみだぶつさぜんしゅう》』をまとめました。この「南無《なむ》阿《あ》弥陀仏《みだぶつ》」とは重源《ちょうげん》自身のことです。重源《ちょうげん》は法号《ほうごう》（僧《そう》としての別名）を「南無阿《なむあ》弥陀仏《みだぶつ》」と名のり、弟子《でし》たちにも「如阿弥陀仏《にょあみだぶつ》」などと「阿弥陀仏《あみだぶつ》」の上に一字をつけた名をあたえました。のちの時宗《じしゅう》の法名《ほうみょう》（戒名《かいみょう》）や室町《むろまち》時代の阿弥衆《あみしゅう》（観阿弥《かんあみ》・世阿弥《ぜあみ》など）の阿弥号《あみごう》のはじまりといわれます。

「作善《さぜん》」は善根《ぜんこん》（よいおこない）をつむことで、積善《せきぜん》ともいいます。法会《ほうえ》をいとなんだり、寺に寄進《きしん》したり、まずしい人にほどこしをするなど、いわゆる功徳《くどく》をつむことです。重源《ちょうげん》は東大寺再建《とうだいじさいこん》の勧進《かんじん》をすすめるとともに、各地に阿弥陀堂《あみだどう》を建立《こんりゅう》したことを書きとめています。そのきっかけは信濃《しなの》の善光寺《ぜんこうじ》（長野市）で十三日にわたって百万遍《ひゃくまんべん》の念仏《ねんぶつ》をしたところ、夢にあらわれた阿弥陀仏《あみだぶつ》から金《こん》色《じき》の仏舎利《ぶっしゃり》をたまわり、飲みこめといわれたことだと重源《ちょうげん》は書いています。四十七歳《さい》のころのことです。以後、重源《ちょうげん》は丈六《じょうろく》（一丈《じょう》六尺《しゃく》、約五メートル）の阿《あ》弥陀像《みだぞう》三十体ほか多くの阿弥陀像《あみだぞう》をつくり各地に阿弥陀堂《あみだどう》を建立《こんりゅう》しました。

なお、仏舎利《ぶっしゃり》は釈迦《しゃか》の遺骨《いこつ》です。鎌倉《かまくら》時代には仏に仏舎利《ぶっしゃり》をさずけられたという感得仏舎利《かんとくぶっしゃり》の話が各地でうまれ、それをおさめた舎利容器《しゃりようき》が今も数多く残っています。

武士と公家《くげ》と寺社の中世

壇《だん》ノ浦《うら》で平家《へいけ》が滅《ほろ》んだとき、安徳天皇《あんとくてんのう》とともに海にしずんだ三種《しゅ》の神器《じんぎ》のうち剣《つるぎ》（草薙剣《くさなぎのつるぎ》）がうしなわれたのも道理であると、慈円《じえん》は『愚管抄《ぐかんしょう》』に書いています。三種《しゅ》の神器《じんぎ》は代々の天皇《てんのう》に伝えられたものです。合戦のあと、海でさがして鏡《かがみ》（八咫鏡《やたのかがみ》）と勾玉《まがたま》（八尺瓊勾玉《やさかにのまがたま》）はみつかりました。しかし、剣《つるぎ》だけはみつかりません。源氏《げんじ》が天皇《てんのう》をおまもりすることになったので、もう剣《つるぎ》は必要がなくなったのだと慈円《じえん》は思いました。それも先にのべた中世神話のひとつで、『古事記《こじき》』などの古代神話が時代の変化におうじて語りなおされたものです。

慈円《じえん》はまた、神代《かみよ》の昔には伊勢大神宮《いせだいじんぐう》の天照大神《あまてらすおおみかみ》（天皇《てんのう》の祖先神《そせんしん》）と鹿島神宮《かしまじんぐう》の大明神《だいみょうじん》（天児屋根命《あめのこやねのみこと》）が、近年は八幡大菩薩《はちまんだいぼさつ》と春日《かすが》の大明神《だいみょうじん》が話しあって世を維持《いじ》していると書いています。

天児屋根命《あめのこやねのみこと》は茨城《いばらき》県の鹿島神宮《かしまじんぐう》の神ですが、奈良の御笠山《みかさやま》にむかえられ、春日大社《かすがたいしゃ》でまつられてきました。藤原《ふじわら》氏の氏神《うじがみ》です。八幡大菩薩《はちまんだいぼさつ》は源氏《げんじ》の氏神《うじがみ》で武士の守り神です。慈円《じえん》は、今は公家《くげ》の藤原《ふじわら》氏と武家《ぶけ》の源氏《げんじ》が天皇《てんのう》をたすけるようになった。それが歴史の道理だというのです。

鎌倉《かまくら》時代には武士が新しい勢力として登場してきましたが、じっさいに武士が全国を支配できたわけではありません。公家《くげ》も寺社も全国各地に荘園《しょうえん》をもち、朝廷《ちょうてい》の役人や幕府《ばくふ》の武士をたちいらせない権利《けんり》（守護不入《しゅごふにゅう》の権《けん》）をもっていました。武士と公家《くげ》と寺社が協力したり、対立したりしながらモザイクのように分立したのが中世（鎌倉《かまくら》・室町《むろまち》時代）という時代の大きな特色で、近世の安土桃山《あづちももやま》時代までつづきます。

ちなみに、代々の天皇《てんのう》に伝えられている神器《じんぎ》には伊勢神宮《いせじんぐう》からおくられた剣《つるぎ》がもちいられています。

今は八幡大菩薩《はちまんだいぼさつ》（左）と春日《かすが》の大明神《だいみょうじん》（右）。

昔は天照大神《あまてらすおおみかみ》（右）と鹿島《かしま》の大明神《だいみょうじん》（左）。

第三章

平清盛《たいらのきよもり》の遺言《ゆいごん》

関東にもどれ

蛭ヶ島《ひるがしま》の源《みなもとの》頼朝《よりとも》と北条政子像《ほうじょうまさこぞう》　平清盛《たいらのきよもり》によって伊豆《いず》に流された頼朝《よりとも》は蛭ヶ島《ひるがしま》（静岡県伊豆《いず》の国《くに》市）でくらし、その地の豪族《ごうぞく》の娘《むすめ》・北条政子《ほうじょうまさこ》と結婚《けっこん》。やがて平家《へいけ》追討《ついとう》の兵をあげた。

源《みなもとの》頼朝《よりとも》の挙兵《きょへい》

◆以仁王《もちひとおう》の令旨《りょうじ》

源平《げんぺい》の争乱《そうらん》のはじまりは治承《じしょう》四年（一一八〇）四月、後白河法皇《ごしらかわほうおう》の皇子《おうじ》・以仁《もちひと》王《おう》が平氏《へいし》追討《ついとう》を命じる文書をつくり、諸国《しょこく》の源氏《げんじ》におくったことでした。それは「源氏《げんじ》と兵《つわもの》をもつ者らに下《くだ》す。まさに早く清盛法師《きよもりほうし》と叛逆《ほんぎゃく》の輩《ともがら》を追討《ついとう》すべき事」という文書で「以仁王《もちひとおう》の令旨《りょうじ》」とよばれています。

歴史資料

以仁王《もちひとおう》の令旨《りょうじ》（『吾妻鏡《あずまかがみ》』「治承《じしょう》四年四月二十七日」より）

清盛法師《きよもりほうし》と子の宗盛《むねもり》らは威勢《いせい》をもって凶徒《きょうと》をひきいて国家を亡《ほろ》ぼし、百官万民《ひゃくかんばんみん》（国の役人・人びと）を悩乱《のうらん》し、五畿七道《ごきしちどう》（全国各地）で略奪《りゃくだつ》をはたらいた。（中略）王位を簒奪《さんだつ》する輩《ともがら》を追討《ついとう》し（中略）仏法破滅《ぶっぽうはめつ》の類《たぐい》を打《う》ち亡《ほろ》ぼさんとす。これはただ人力の構えをたのむのではない。天道《てんどう》の助けを仰《あお》ぐものである。もし帝王《ていおう》・三宝《さんぼう》・神明《しんめい》の冥感《みょうかん》（神仏のたすけ）あらば、どうして諸国《しょこく》の武士に合力《ごうりき》の志《こころざし》がないことがあろうか。ならば源氏《げんじ》も藤原《ふじわら》氏も、また諸国《しょこく》の勇士は同じく与力《よりき》して追討《ついとう》させせよ。（中略）戦功《せんこう》があった者には（中略）恩賞《おんしょう》をとらせる。諸国《しょこく》の者ら、よろしく承知《しょうち》し、この令旨《りょうじ》にしたがっておこなえ。

その文書は伊豆《いず》の源　頼朝《みなもとのよりとも》（一一四七〜一一九九年）にもとどけられました。平治《へいじ》の乱《らん》（一一五九年）にやぶれて父の義朝《よしとも》が討《う》たれたとき、十三歳《さい》だった頼朝《よりとも》は伊豆《いず》に流されました。蛭ヶ島《ひるがしま》というところで土地の豪族《ごうぞく》にたすけられてくらしたようです。以仁王《もちひとおう》の令旨《りょうじ》をうけたときは三十四歳《さい》でした。

この令旨《りょうじ》には、戦いに勝てば恩賞《おんしょう》をさずけるということとともに、「清盛法師《きよもりほうし》ら仏法破滅《ぶっぽうはめつ》の類《たぐい》を打ち亡《ほろ》ぼさんとす」といい、仏敵《ぶってき》（仏の敵）を滅《ほろ》ぼすための戦《たたか》いだと記《しる》されています。

この文書で清盛《きよもり》を「清盛法師《きよもりほうし》」というのは、五十一歳《さい》のときに病気になり、受《じゅ》戒《かい》して出家《しゅっけ》（僧《そう》）のかたちをとっていたからです。重い病気になったり年をとったりすると、仏の加護《かご》を願って出家《しゅっけ》のかたちをとることがよくありました。僧《そう》のすがたの太政大臣《だいじょうだいじん》だった清盛《きよもり》は「入道相国《にゅうどうしょうこく》」ともよばれます。また清盛《きよもり》は高野山《こうやさん》（金剛峯寺《こんごうぶじ》）の伽藍《がらん》を修復《しゅうふく》したり、厳島神社《いつくしまじんじゃ》に『平家納経《へいけのうきょう》』を奉納《ほうのう》したりして神仏を敬《うやま》っていました。しかし、以仁王《もちひとおう》の令旨《りょうじ》では仏にさからう「仏法破滅《ぶっぽうはめつ》の類《たぐい》」といわれています。

敵を悪魔《あくま》のようにいい、その敵との戦《たたか》いを正義として神仏に戦勝を祈願《きがん》することは現代の戦争でもあります。昭和時代のアジア太平洋戦争のときには日本でもさかんにおこなわれました。まして昔の中世には、「人力の構え（人の兵力や陣地《じんち》など）」以上に「神仏の冥助《みょうじょ》（目にみえない助け）」を祈《いの》ることが、みかたをあつめるうえでも重要でした。以仁王《もちひとおう》は平清盛《たいらのきよもり》を仏敵《ぶってき》だといい、清盛《きよもり》を討《う》つ戦《たたか》いには神仏の冥助《みょうじょ》があるはずだといって源氏《げんじ》の武士に挙兵《きょへい》をよびかけました。

◆源　頼朝《みなもとのよりとも》と八幡大菩薩《はちまんだいぼさつ》

以仁王《もちひとおう》はこの文書を発したあとの同年（一一八〇）五月、平氏《へいし》に攻《せ》められて京都から奈良にのがれる途中《とちゅう》で敗死しました。

仏と神々の用語

●さまざまな仏

如来《にょらい》	釈迦如来《しゃかにょらい》・阿弥陀如来《あみだにょらい》・大日如来《だいにちにょらい》など、せまい意味では如来《にょらい》だけを仏という。
菩薩《ぼさつ》	観音菩薩《かんのんぼさつ》・地蔵菩薩《じぞうぼさつ》など、如来《にょらい》のはたらきをたすけるもの。
明王《みょうおう》	不動明王《ふどうみょうおう》・愛染明王《あいぜんみょうおう》など、おそろしい表情で悪をこらしめる。
天《てん》	帝釈天《たいしゃくてん》・毘沙門天《びしゃもんてん》・弁才天《べんざいてん》など、もとはインドの神々。
羅漢《らかん》	もとは釈迦《しゃか》の弟子《でし》たちをいう。

●日本の神々と仏

神明《しんめい》	天照大神《あまてらすおおみかみ》・大国主命《おおくにぬしのみこと》など、日本の天地の神々。天神地祇《てんじんちぎ》（神祇《じんぎ》）ともいう。
権現《ごんげん》	「権《かり》に現《あらわ》れたもの」という意味。如来《にょらい》や菩薩《ぼさつ》が日本の神のすがたをとったもの。
垂迹《すいじゃく》	如来《にょらい》や菩薩《ぼさつ》が日本の神のすがたをとること。
本地《ほんじ》	権現《ごんげん》・垂迹《すいじゃく》のもとの如来《にょらい》や菩薩《ぼさつ》。たとえば、走湯大権現《そうとうだいごんげん》の本地《ほんじ》は千手観音《せんじゅかんのん》・阿弥《あみ》陀如来《だにょらい》・如意輪観音《にょいりんかんのん》の３つだという。

そのころ伊豆《いず》の頼朝《よりとも》は、朝から夜まで、お経をとなえてすごしていました。平治《へいじ》の乱《らん》で死んだ父義朝《よしとも》をはじめ、一族の死後のやすらぎを願ってのことでしょう。そんな頼朝《よりとも》に京都の高雄山《たかおさん》の僧《そう》・文覚《もんがく》が挙兵《きょへい》をうながしたと『平家物語《へいけものがたり》』には語られています。

『吾妻鏡《あずまかがみ》』では七月五日、頼朝《よりとも》は挙兵《きょへい》を決意し、かねて信仰《しんこう》していた伊豆山《いずさん》・走湯大権現《そうとうだいごんげん》の僧《そう》・覚淵《かくえん》に法華経《ほけきょう》八百部（八巻《かん》の法華経《ほけきょう》を八百回）を転読《てんどく》させました。転読《てんどく》とは経題《きょうだい》など重要な部分だけを読みあげていく読経《どきょう》です。その法会《ほうえ》でとなえた表白文《ひょうびゃくもん》（祈願《きがん》の言葉）が『吾妻鏡《あずまかがみ》』に書きのこされています。

> 君《きみ》（頼朝公《よりともこう》）はかたじけなくも八幡大菩薩《はちまんだいぼさつ》の氏人《うじびと》（氏子《うじこ》）であり、法華経《ほけきょう》八巻《かん》の護持者《ごじしゃ》である。八幡太郎《はちまんたろう》の遺跡《ゆいせき》をうけついで、もとのように関東八か国（関東地方一帯）の武士をしたがえ、八逆《はちぎゃく》（謀反《むほん》など八つの大罪）の凶徒《きょうと》、入道相国《にゅうどうしょうこく》（清盛《きよもり》）の一族を退治《たいじ》されることは、もはや手に入ったようなものである。これは法華経《ほけきょう》八百部の読誦《どくじゅ》の加護《かご》によることである。

八幡太郎《はちまんたろう》とは頼朝《よりとも》の曾祖父《そうそふ》の源　義家《みなもとのよしいえ》（一〇三九～一一〇六年）のことです。もとは河内《かわち》（大阪府南東部）にいた武士ですが、平安《へいあん》時代中期に東北地方でおこった前九年《ぜんくねん》・後三年《ごさんねん》の役《えき》で関東に勢力を広げました。表白文《ひょうびゃくもん》にいう「八幡太郎《はちまんたろう》の遺跡《ゆいせき》をうけついで」とは、「そのときから源氏《げんじ》にしたがうようになった武士たちをひきいて」という意味です。

この「八幡太郎《はちまんたろう》」という名は、京都の守りとして淀川《よどがわ》べりにある石清水八幡宮《いわしみずはちまんぐう》で元服《げんぷく》（成人になる儀式《ぎしき》）をしたことによります。鎌倉《かまくら》の海岸の由比ヶ浜《ゆいがはま》には石《いわ》清水八幡宮《しみずはちまんぐう》から分霊《ぶんれい》した八幡神社《はちまんじんじゃ》もあり、それが源氏《げんじ》の氏神《うじがみ》になっていたので、頼朝《よりとも》は「八幡大菩薩《はちまんだいぼさつ》の氏人《うじびと》」であるといっているのです。

清盛《きよもり》をむかえにきた地獄《じごく》からの使者

同年十月六日、頼朝《よりとも》は鎌倉《かまくら》にはいり、由比《ゆい》ヶ浜《がはま》の八幡神社《はちまんじんじゃ》を鎌倉《かまくら》の北山《きたやま》にうつしました。それが鶴岡八幡宮《つるがおかはちまんぐう》です。その位置は頼朝《よりとも》が神前でくじをひいて決めたということですが、「源《みなもとの》頼朝《よりとも》と鶴岡八幡宮《つるがおかはちまんぐう》」（24ページ）でのべるように、それは大きな意味をもつことでした。

清盛《きよもり》の死

◆「頼朝《よりとも》の首を墓前《ぼぜん》にかけよ」

関東の源氏《げんじ》の挙兵《きょへい》を知った平清盛《たいらのきよもり》は孫の維盛《これもり》らがひきいる軍勢をおくりましたが、源氏軍《げんじぐん》は富士川《ふじがわ》（静岡県）の戦《たたか》いで勝利して勢いをつけました。平清盛《たいらのきよもり》が死んだのは、翌年《よくとし》の治承《じしょう》五年（一一八一）閏《うるう》二月、六十四歳《さい》のときでした。

前月から高熱に苦しんだすえのことです。『平家物語《へいけものがたり》』には、妻の時子《ときこ》が、地獄《じごく》からの使者が清盛《きよもり》をむかえにきた夢をみたこと、清盛《きよもり》はもだえ苦しみながら「頼朝《よりとも》の首をはね、わが墓《はか》の前にかけよ」といったと語られています。

『平家物語《へいけものがたり》』が語る清盛《きよもり》の死にざまは、いかにも仏敵《ぶってき》らしいすさまじさです。『平家物語《へいけものがたり》』は琵琶法師《びわほうし》の語りを耳で聞く物語ですから、おとなしい語調ではおもしろくないし、よく聞きとれないので、大げさに表現されているのです。「頼朝《よりとも》の首を墓前《ぼぜん》にかけよ」という清盛《きよもり》の遺言《ゆいごん》も、鎌倉幕府《かまくらばくふ》の記録『吾妻鏡《あずまかがみ》』ではまったくちがいます。

『吾妻鏡《あずまかがみ》』には「死後三日より後に葬儀《そうぎ》をせよ。遺骨《いこつ》は播磨国山田《はりまのくにやまだ》の法華堂《ほっけどう》に納《おさ》め、七日ごとに仏事《ぶつじ》をおこなえ。毎日してはならない。また、京都で追善供養《ついぜんくよう》（法事《ほうじ》）をしてはならない。子孫は東国《とうごく》に帰往《きじゅう》することだけを考えよ」と清盛《きよもり》は

清盛塚《きよもりづか》　清盛《きよもり》は宋《そう》との貿《ぼう》易《えき》をさかんにするため、瀬戸内海《せとないかい》の航路をととのえた。さらに、都を福原《ふくはら》（兵庫県神戸《こうべ》市）にうつしたこともあった。京都の六波羅《ろくはら》で没《ぼっ》したが、遺《い》骨《こつ》は播磨国山田《はりまのくにやまだ》の法華堂《ほっけどう》でとむらわれた。その法《ほっ》華堂《けどう》の跡《あと》だと伝えられる場所に清盛塚《きよもりづか》がある。
（兵庫県神戸市兵庫区）

遺言《ゆいごん》したと書かれています。

平清盛《たいらのきよもり》の一門は、もとは坂東平氏《ばんどうへいし》つまり東国《とうごく》（関東）の平氏《へいし》の流れです。伊《い》勢国《せのくに》（三重県）や都で栄達したけれど、いろいろな争いにもまきこまれました。だから子孫は東国《とうごく》にもどれ、というのです。この清盛《きよもり》の遺言《ゆいごん》をまもったのは、関東の鎌倉《かまくら》にとどまりつづけた敵の源《みなもとの》頼朝《よりとも》だったのかもしれません。

ちなみに『吾妻鏡《あずまかがみ》』は清盛《きよもり》の死を「入道平相国薨《にゅうどうへいのしょうこくこう》ず」と敬意《けいい》をあらわす言葉で記《しる》しています。「薨《こう》」という字は皇族《こうぞく》や高位の貴族《きぞく》が死んだときだけにつかわれたものです。

歴史資料

清盛《きよもり》の死（『平家物語《へいけものがたり》』巻《かん》第六「入道死去」より）

入道相国《にゅうどうしょうこく》（清盛《きよもり》）は病《やまい》になった日から水さえ喉《のど》をとおらない。体内の熱さは火をたくかのようである。臥《ふ》されているところから四、五間《けん》内にちかづくと、たえがたい熱さで、入《にゅう》道相国《どうしょうこく》はただ「あたあた」といわれるだけだった。（中略）

二位殿《にいどの》（清盛《きよもり》の妻、時子《ときこ》）がごらんになった夢こそ、おそろしい。猛火《もうか》が燃えあがっている車が屋敷《やしき》の門から入ってきたのだ。車の前後についている者は馬の顔や牛の顔をしていた。その車の前には無間地獄《むげんじごく》の「無」という字だけみえる鉄の札を立ててある。二位殿《にいどの》が夢で「あれはどこから」とおたずねになると、「閻魔《えんま》の庁《ちょう》より平家太政入道殿《へいけだいじょうにゅうどうどの》（清盛《きよもり》）のお迎《むか》えにきた」という。（中略）

入道相国《にゅうどうしょうこく》は、それはもう日ごろは剛毅《ごうき》であられたが、まことに苦しげに息をついていわれるには「（中略）自分が死んだあとは、堂塔《どうとう》をたてたり、供養《くよう》をしたりしてはならない。すぐに討手《おって》をおくって頼朝《よりとも》の首をはね、わが墓《はか》の前にかけよ。それこそ供養《くよう》であろう」といわれたことこそ罪深《つみぶか》いことだった。（中略）病《やまい》にせめられ、（中略）ついに身もだえして死なれた。（中略）帰りこぬ死出の山、三途《さんず》の川、冥土《めいど》の四十九日の旅の空に、ただ一人でおもむかれたことだろう。日ごろつくりおかれた罪業《ざいごう》だけが獄卒《ごくそつ》（地獄《じごく》の役人）となって迎《むか》えにきたのだろう。あわれなことであった。

第四章

武士の都のはじまり

将軍《しょうぐん》から執権《しっけん》へ

鎌倉《かまくら》の地形　相模湾《さがみわん》の入江《いりえ》に面し、三方を山でかこまれている。この写真ではみえないが、左方（西）に江《え》の島《しま》がある。（写真提供・鎌倉市まちづくり景観部）

源 頼朝《みなもとのよりとも》と鶴岡八幡宮《つるがおかはちまんぐう》

◆鎌倉《かまくら》時代のはじまり

神奈川県鎌倉《かまくら》市には鶴岡八幡宮《つるがおかはちまんぐう》、建長寺《けんちょうじ》、円覚寺《えんがくじ》、鎌倉大仏《かまくらだいぶつ》など、お寺や神社がたくさんあり、今では「古都鎌倉《ことかまくら》」ともよばれています。

鎌倉《かまくら》は治承《じしょう》四年（一一八〇）に平氏打倒《へいしだとう》の挙兵《きょへい》をした源 頼朝《みなもとのよりとも》が幕府《ばくふ》をおいて本拠地《ほんきょち》としたところです。文治《ぶんじ》元年（一一八五）には兄と対立してのがれた源《みなもとの》義経《よしつね》をとらえるという名目で全国に守護《しゅご》・地頭《じとう》という役職の御家人《ごけにん》（頼朝《よりとも》に忠誠《ちゅうせい》を誓《ちか》う武士）を配置することを朝廷《ちょうてい》からゆるされ、建久《けんきゅう》三年（一一九二）には将《しょう》軍《ぐん》に任《にん》じられて、頼朝《よりとも》は全国の武家《ぶけ》の棟梁《とうりょう》（首長）になりました。将軍《しょうぐん》は「鎌《かま》倉殿《くらどの》」とよばれ、その将軍《しょうぐん》のもとで鎌倉《かまくら》は武家《ぶけ》の都になったのでした。

幕府《ばくふ》は将軍《しょうぐん》の役所をさしますが、もとは出陣《しゅつじん》した武将《ぶしょう》が臨時《りんじ》に幕《まく》をはって戦《いくさ》をさしずしたところをいいました。

また、将軍《しょうぐん》は天皇《てんのう》に任命《にんめい》される役職で、正式には征夷大将軍《せいいたいしょうぐん》といいます。奈良・平安《へいあん》時代には東北地方や南九州などの遠方の地に派遣《はけん》された軍の長をさしました。それが頼朝《よりとも》のときから武家政権《ぶけせいけん》の首長をさすようになったのです。

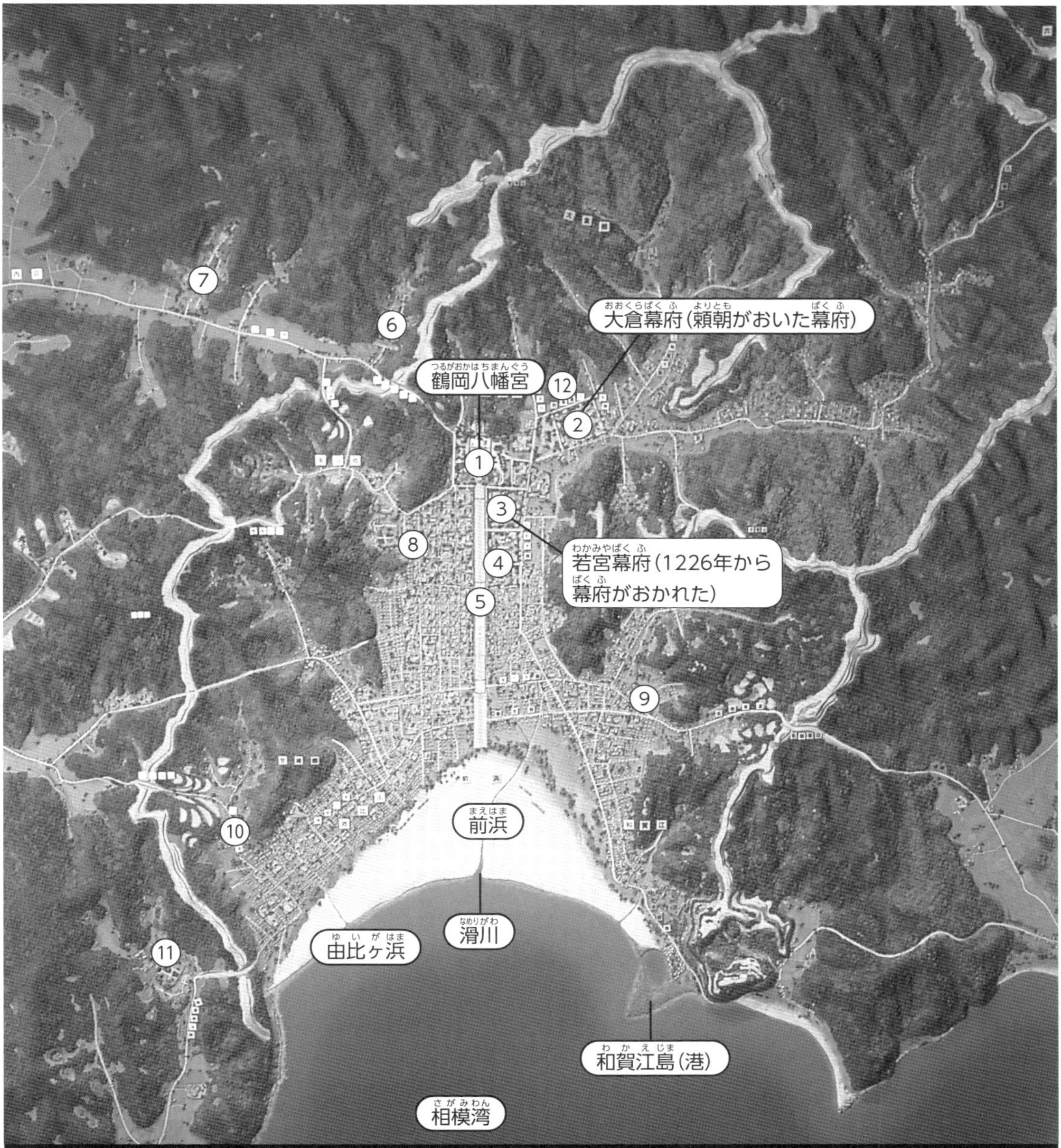

鎌倉幕府《かまくらばくふ》とおもな寺社

①鶴岡八幡宮《つるがおかはちまんぐう》
②大倉幕府《おおくらばくふ》（1185 ～ 1225 年）
③若宮幕府《わかみやばくふ》（1236 ～ 1333 年）
④宇都宮辻子幕府《うつのみやずしばくふ》（1225 ～ 1236 年）
⑤若宮大路《わかみやおおじ》
⑥建長寺《けんちょうじ》
⑦円覚寺《えんがくじ》
⑧寿福寺《じゅふくじ》
⑨松葉ヶ谷《まつばがやつ》
⑩鎌倉大仏《かまくらだいぶつ》（高徳院《こうとくいん》）
⑪極楽寺《ごくらくじ》
⑫ 源《みなもとの》 頼朝《よりとも》の墓《はか》

若宮大路《わかみやおおじ》　正面の山すそに鶴岡八幡宮《つるがおかはちまんぐう》がある。そこからまっすぐにつくられた参道が若宮大路《わかみやおおじ》だ。
（写真提供・鶴岡八幡宮）

このころから世を鎌倉《かまくら》時代といい、元弘《げんこう》三年（一三三三）に幕府《ばくふ》が滅亡《めつぼう》するまで、約百五十年間つづきます。

◆八幡宮《はちまんぐう》の門前町《もんぜんまち》

鎌倉《かまくら》市は太平洋の相模湾《さがみわん》に面し、南側の海岸をのぞく三方は山にかこまれています。なだらかな山々ですが、切通《きりどおし》とよばれるせまい通路以外に出入りする道がなかったところです。敵が攻《せ》めてきてもふせぎやすい土地です。

この鎌倉《かまくら》市の中心部には若宮大路《わかみやおおじ》という通りが、ほぼ南北につらぬいています。まるで都の朱雀大路《すざくおおじ》のようです。

ところが、その通りの北端《ほくたん》、都の朱雀大路《すざくおおじ》では内裏《だいり》（皇居《こうきょ》と朝廷《ちょうてい》）がある位置には将軍《しょうぐん》の館《やかた》でも幕府《ばくふ》でもなく、鶴岡八幡宮《つるがおかはちまんぐう》があります。若宮大路《わかみやおおじ》の「若宮《わかみや》」も新しい神社という意味で鶴岡八幡宮《つるがおかはちまんぐう》のことですから、若宮大路《わかみやおおじ》はその参道にあたります。政治《せいじ》の本拠《ほんきょ》である幕府《ばくふ》は何度か移動し、城《しろ》をかまえることはありませんでした。都市の構造からいえば、鎌倉《かまくら》は鶴岡八幡宮《つるがおかはちまんぐう》の門前町《もんぜんまち》でした。

のちの安土桃山《あづちももやま》時代には大名《だいみょう》の城《しろ》を中心に城下町《じょうかまち》が発展《はってん》して時代は近世になりますが、中世には奈良の元興寺《がんごうじ》かいわいの奈良町《ならまち》など、寺社を中心に商人や職人《しょくにん》があつまり、周囲の農村をふくめて産業がさかんになった境内都市《けいだいとし》が各地にうまれました。鎌倉《かまくら》は武家の都であるとともに、鶴岡八幡宮《つるがおかはちまんぐう》をはじめ多くの寺社が集中して関東最大の都市に発展《はってん》したのでした。

◆神仏習合《しんぶつしゅうごう》の八幡宮《はちまんぐう》

明治時代に神仏分離《しんぶつぶんり》がおこなわれるまで、寺と神社は一体のものでした。京都の石清水八幡宮《いわしみずはちまんぐう》も「石清水八幡宮護国寺《いわしみずはちまんぐうごこくじ》」とよばれる寺院でもあったのです。

鎌倉《かまくら》の鶴岡八幡宮《つるがおかはちまんぐう》も、神仏習合《しんぶつしゅうごう》の神社でした。『吾妻鏡《あずまかがみ》』には専光房良暹《せんこうぼうりょうせん》を

鶴岡八幡宮《つるがおかはちまんぐう》　源 頼朝公《みなもとのよりともこう》によって現在の位置にうつしてたてられ、国家と幕府《ばくふ》の安泰《あんたい》を祈《いの》る神事《しんじ》・仏事《ぶつじ》の中心になった。八幡《はちまん》神《じん》は武家の棟梁《とうりょう》の源氏《げんじ》の守護神《しゅごしん》になり、全国の武士に広まって、各地に八幡神社《はちまんじんじゃ》がたてられた。（写真提供：鶴岡八幡宮）

流鏑馬《やぶさめ》　武者すがたの人が馬にのって的《まと》に矢を射《い》る行事。（写真提供：鶴岡八幡宮）

別当《べっとう》（責任者）にし、大庭景義《おおばかげよし》（頼朝《よりとも》の重臣）を執行《しぎょう》（経営者）にすると記《しる》されています。別当《べっとう》の専光房《せんこうぼう》は伊豆山《いずさん》・走湯大権現《そうとうだいごんげん》の僧《そう》です。

以後も鶴岡八幡宮《つるがおかはちまんぐう》には多くの僧《そう》がいて、流鏑馬《やぶさめ》・神楽《かぐら》などの神事《しんじ》にくわえて経典の読誦《どくじゅ》、放生会《ほうじょうえ》などの仏事《ぶつじ》がさかんにいとなまれました。

治承《じしょう》五年（一一八一）正月一日には、まだ仮《かり》の社《やしろ》があるくらいでしたが、盛大《せいだい》な法会《ほうえ》がおこなわれました。『吾妻鏡《あずまかがみ》』に「大晦日《おおみそか》の夜からおおぜいの武士が辻々《つじつじ》を警固《けいご》するなかで頼朝公《よりともこう》は騎馬《きば》で参拝《さんぱい》し、神《しん》馬《め》一頭を神前に奉納《ほうのう》した。次に法華経《ほけきょう》を読誦《どくじゅ》したあと、そなえられたのは三尺《じゃく》の鯉《こい》のほか、くだもの・酒はその数を知らず」と書かれています。

それは挙兵《きょへい》の翌年《よくとし》のことで、源平《げんぺい》の争乱《そうらん》のゆくえは、まだわからない時期でした。平家《へいけ》は強大な兵力をもっていましたから、勝利のみこみはたっていません。源氏《げんじ》につくか平氏《へいし》につくかで迷っている武士もたくさんいました。御家人《ごけにん》たちは神仏の加護《かご》を必死に祈《いの》ったことでしょう。

江島弁天《えのしまべんてん》のこと

鎌倉《かまくら》市の西、神奈川県藤沢《ふじさわ》市の江島弁天《えのしまべんてん》も、『吾《あ》妻鏡《ずまかがみ》』によれば戦勝祈願《せんしょうきがん》のためでした。京都の高《たか》雄山《おさん》の僧《そう》・文覚《もんがく》が頼朝《よりとも》の「御願《ごがん》の成就《じょうじゅ》」すなわち戦勝を祈《いの》るために弁才天《べんざいてん》を江《え》の島《しま》にまつり、養和《ようわ》二年（一一八二）四月、頼朝《よりとも》も臨席《りんせき》して「秘密《ひみつ》の修《しゅ》法《ほう》」をおこなったということです。

弁才天《べんざいてん》（弁天《べんてん》）はインドの川の女神サラスヴァティーが仏教とともに伝えられ、音楽・才能の女神として弁才天《べんざいてん》、財宝《ざいほう》をもたらす福の神として弁財天《べんざいてん》とも書きます。また、『古事記《こじき》』にある航海安全の女神（宗像三女神《むなかたじょしん》）と同一として海の守り神にもなりました。さらに、戦いの神としての性質もあり、江島弁天《えのしまべんてん》にまつられている像《ぞう》は八本の腕《うで》のひとつに剣《つるぎ》をにぎっています。それは密教《みっきょう》とよばれる呪術《じゅじゅつ》的《てき》な仏教の影響《えいきょう》の強いすがたです。文覚《もんがく》が「秘密《ひみつ》の修法《しゅほう》」をおこなったというのは、戦勝を祈《いの》って密《みっ》教《きょう》の祈禱《きとう》をしたということです。

江島弁天《えのしまべんてん》は、その後、北条《ほうじょう》氏の守《まも》り神《がみ》になりました。しかし、室町《むろまち》時代の『太平記《たいへいき》』には、北条《ほうじょう》氏の執権《しっけん》は七代でおわると弁才天《べんざいてん》のお告《つ》げがあり、そのとおり、鎌倉幕府《かまくらばくふ》は滅《ほろ》びたのだと語られています。

江《え》の島《しま》（上）と江島神社奉安殿《えのしまじんじゃほうあんでん》（左）
江《え》の島《しま》は江戸《えど》時代には人気の「弁天《べんてん》さま」になった。明治時代の神仏分離《しんぶつぶんり》以後は江島神社《えのしまじんじゃ》となり、奉安殿《ほうあんでん》に弁財天《べんざいてん》がまつられている。

江《え》の島《しま》の弁才天《べんざいてん》　江《え》の島《しま》には２つのすがたの弁財天《べんざいてん》がまつられている。❶は８本の腕《うで》をもつ。❷は才能の女神として琵琶《びわ》をもつ。

阿字《あじ》　古代インドの聖《せい》なる文字である梵字《ぼんじ》の「ア」はすべての音のはじまりであり、不生不滅《ふしょうふめつ》すなわち永遠をあらわすという。（仏教美術　天竺　hotoke.net）

頼朝《よりとも》の墓《はか》　頼朝《よりとも》の追善供養《ついぜんくよう》がおこなわれた法華堂《ほっけどう》のそばに墓《はか》がつくられた。法華堂《ほっけどう》は「大御堂《おおみどう》」ともよばれる大きな寺院だったが、のこっていない。（鎌倉市）

源氏《げんじ》三代と北条《ほうじょう》氏

◆頼朝《よりとも》の死

頼朝《よりとも》は将軍《しょうぐん》になって七年後の建久《けんきゅう》十年（一一九九）一月十三日、五十三歳《さい》で病死しました。その知らせは、ふたたび動乱《どうらん》の世にもどってしまうのではないかと、京都の貴族《きぞく》たちを不安におとしいれました。貴族《きぞく》で歌人の藤原定家《ふじわらのていか》（一一六二～一二四一年）の日記『明月記《めいげつき》』の一月十八日の項《こう》には、「ちまたの噂《うわさ》に頼朝《よりとも》の病《やまい》が重く、十一日に出家《しゅっけ》したという。院《いん》は急いで鎌倉《かまくら》に使いを送られた。朝《ちょう》家《か》（国家）の大事、これほどのことがあろうか。怖畏逼迫《ふいひっぱく》（おそろしいことがせまる）の世になったか」と、おびえたようすが書かれています。

翌月《よくげつ》には頼朝《よりとも》の子の源頼家《みなもとのよりいえ》（一一八二～一二〇四年）があとをつぎますが、まだ十八歳《さい》の若《わか》さでもあり、鎌倉《かまくら》は混乱《こんらん》しました。その年十二月には、侍所別《さむらいどころべっ》当《とう》として御家人《ごけにん》たちをたばねていた梶原景時《かじわらかげとき》が追放されたうえ、梶原《かじわら》一族は滅《ほろ》ぼされてしまいます。そうした動揺《どうよう》をおさえるためでしょう、翌年《よくとし》の正治《しょうじ》二年（一二〇〇）一月に頼朝《よりとも》の一周忌《いっしゅうき》の法要《ほうよう》が盛大《せいだい》におこなわれました。北条《ほうじょう》氏以下、諸大名《しょだいみょう》（大きな所領《しょりょう》をもつ御家人《ごけにん》たち）が群集して法華堂《ほっけどう》で仏事《ぶつじ》がおこなわれました。そこには頼朝《よりとも》の妻・政子《まさこ》（一一五七～一二二五年）の髪《かみ》でぬった阿字《あじ》の掛《か》け軸《じく》がかけられていたということです。

◆殺された将軍《しょうぐん》

政子《まさこ》は伊豆《いず》の豪族《ごうぞく》・北条時政《ほうじょうときまさ》の長女です。将軍《しょうぐん》・鎌倉殿《かまくらどの》の妻として御台所《みだいどころ》とよばれ、北条《ほうじょう》氏も幕府《ばくふ》で力をもちました。しかし、鎌倉《かまくら》時代の初期には有力御《ゆうりょくご》

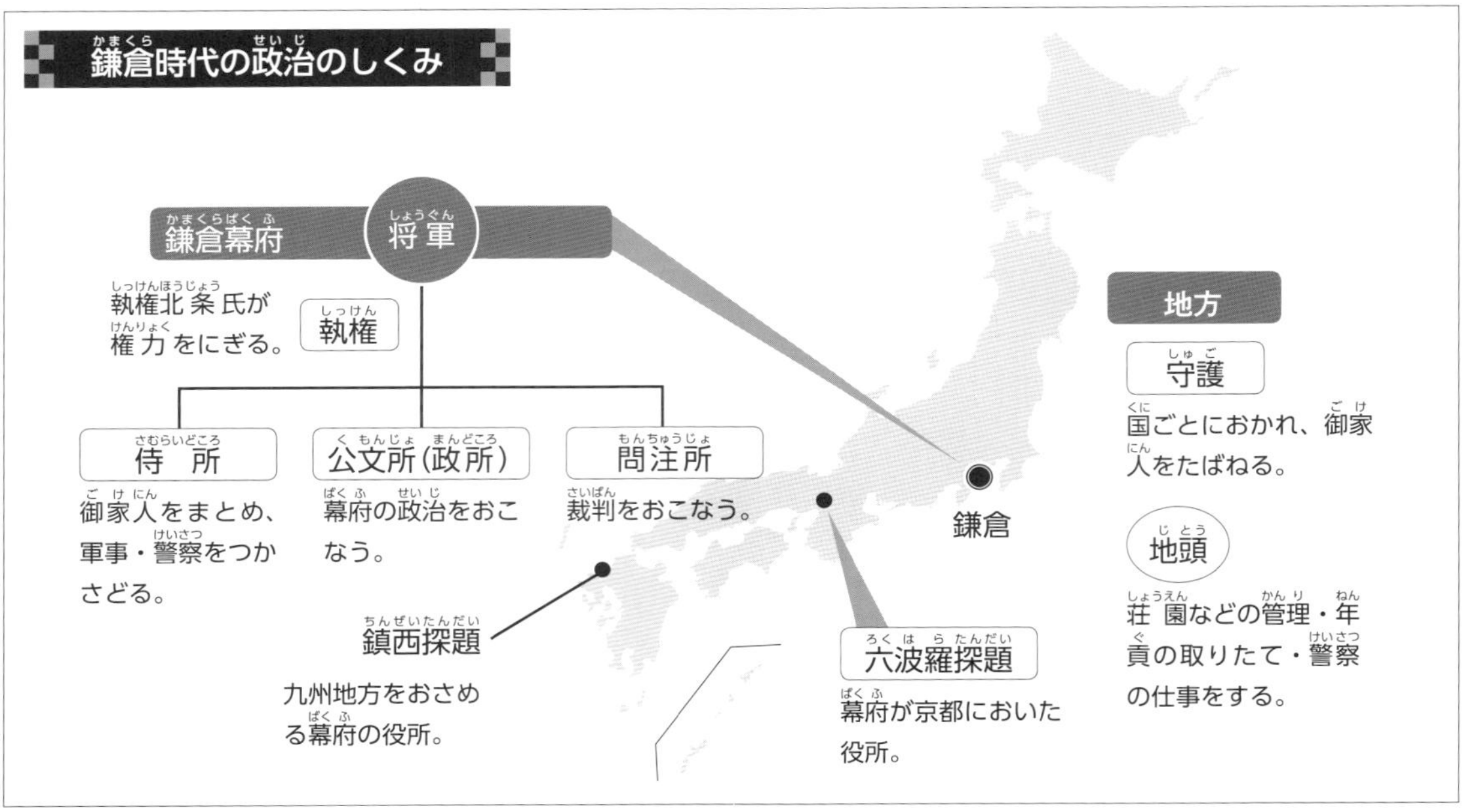

家人《けにん》が力をきそいあい、多くの悲惨《ひさん》な事件がおこります。

頼家《よりいえ》が正式に第二代将軍《しょうぐん》になれたのは頼朝《よりとも》の死から三年後の建仁《けんにん》二年（一二〇二）でした。ところが御家人《ごけにん》たちの勢力争いはおさまらず、翌年《よくとし》には十二歳《さい》の弟、源実朝《みなもとのさねとも》（一一九二〜一二一九年）が第三代将軍《しょうぐん》になりました。その年、頼家《よりいえ》は北条《ほうじょう》氏によってとらえられ、さらに翌年《よくとし》、二十三歳《さい》のときに殺されてしまいました。

◆承久《じょうきゅう》の乱《らん》と御成敗式目《ごせいばいしきもく》

それから十六年後の建保《けんぽう》七年（一二一九）、こんどは将軍実朝《しょうぐんさねとも》が頼家《よりいえ》の子の公暁《くぎょう》に親の敵《かたき》として切り殺されました。雪がつもった一月二十七日の夜、鶴岡八幡宮《つるがおかはちまんぐう》に参詣《さんけい》してかえるときのことでした。その日、公暁《くぎょう》も殺されます。

こうして源氏《げんじ》の将軍《しょうぐん》は三代でおわり、幕府《ばくふ》の中心は北条義時《ほうじょうよしとき》（政子《まさこ》の弟）がつとめる執権《しっけん》という役職になり、将軍《しょうぐん》は不在になりました。

その混乱《こんらん》をみた後鳥羽上皇《ごとばじょうこう》が承久《じょうきゅう》三年（一二二一）に討幕《とうばく》の兵をあげましたが、幕府側《ばくふがわ》は頼朝《よりとも》の妻だった政子《まさこ》が御家人《ごけにん》たちに頼朝《よりとも》の恩《おん》をうったえて勝利し、後鳥羽上皇《ごとばじょうこう》は隠岐《おき》の島（島根県）に流されました。この承久《じょうきゅう》の乱《らん》の五年後、京都の藤原《ふじわら》氏から将軍《しょうぐん》がむかえられますが、執権《しっけん》は北条《ほうじょう》氏の得宗《とくそう》（一族の長）がうけついで幕府《ばくふ》の実権《じっけん》をにぎります。

その後、最初の武家《ぶけ》の法令である御成敗式目《ごせいばいしきもく》（貞永式目《じょうえいしきもく》）が北条泰時《ほうじょうやすとき》により貞永《じょうえい》元年（一二三二）に制定されました。その五十一か条の第一条には「神社を修理し、祭祀《さいし》を専《もっぱ》らにすべき事」、第二条に「寺塔《じとう》を修造し、仏事等《ぶつじとう》を勤行《ごんぎょう》すべき事」とあり、神仏をまつることが重視《じゅうし》されています。

その五十一か条という項目数《こうもくすう》は聖徳太子《しょうとくたいし》の憲法《けんぽう》十七条〈第一巻《かん》参照〉にちなんだもので、十七の三倍です。

第五章

鎌倉《かまくら》の寺々

禅宗《ぜんしゅう》寺院や鎌倉大仏《かまくらだいぶつ》など

寿福寺《じゅふくじ》　北条政子《ほうじょうまさこ》が栄西《えいさい》を開山《かいさん》としてひらいた。日本最初の禅《ぜん》寺《でら》とされる。

（『新編鎌倉志』江戸時代・国立国会図書館蔵）

禅宗《ぜんしゅう》の寺院

◆栄西《えいさい》の登場

先の源頼朝《みなもとのよりとも》の一周忌《しゅうき》のとき（一二〇〇年一月）、法要《ほうよう》の導師《どうし》をつとめたのは中国（当時は宋《そう》）から最初に禅宗《ぜんしゅう》を伝えた栄西《えいさい》（一一四一〜一二一五年）でした。導師《どうし》とは法要《ほうよう》の中心になる僧《そう》のことで、『吾妻鏡《あずまかがみ》』には「導師《どうし》は葉上房律師栄《ようじょうぼうりっしえい》西《さい》」と記《しる》されています。

律師《りっし》は当時の僧《そう》の正式な位のひとつです。大きくわければ三段階《だんかい》で、上から僧《そう》正《じょう》・僧都《そうず》・律師《りっし》です。栄西《えいさい》は身分の高い僧《そう》ではなかったのです。また、栄西《えいさい》は天台宗《てんだいしゅう》の比叡山《ひえいざん》で出家《しゅっけ》し、修験《しゅげん》の霊場《れいじょう》だった大山《だいせん》（鳥取県）で修行《しゅぎょう》しました。そのときの名が葉上房《ようじょうぼう》で、栄西《えいさい》は台密《たいみつ》（天台密教《てんだいみっきょう》）修験道葉上流《しゅげんどうようじょうりゅう》の祖《そ》にもなります。したがって、「導師《どうし》は葉上房律師栄西《ようじょうぼうりっしえいさい》」という『吾妻鏡《あずまかがみ》』の言葉は、禅僧《ぜんそう》というよりは祈禱僧《きとうそう》として栄西《えいさい》がえらばれたことをしめしています。

じつはそのころ、禅宗《ぜんしゅう》は比叡山《ひえいざん》や奈良《なら》の興福寺《こうふくじ》など古くから大きな勢力をもつ寺社から攻撃《こうげき》され、弾圧《だんあつ》されていました。しかし、中国では宋《そう》の時代（一〇〜一三世紀）に仏教の主流になり、皇帝《こうてい》の官寺《かんじ》（国家の寺）として各地に大寺院が

円覚寺《えんがくじ》の三門《さんもん》　寺院《じいん》の正面の門はふつう「山門《さんもん》」というが、ここでは「３つのさとりの門」という意味で「三《さん》門《もん》」という。

つくられていました。そして鎌倉《かまくら》にも幕府《ばくふ》の官寺《かんじ》として壮大《そうだい》な禅宗《ぜんしゅう》寺院がつくられることになります。それは京都・奈良を中心に大きな力をもつ延暦寺《えんりゃくじ》や興《こう》福寺《ふくじ》、そして、それらの寺社と一体になっている朝廷《ちょうてい》・貴族《きぞく》勢力に対抗《たいこう》するものだったと考えられます。中華皇帝《ちゅうかこうてい》の禅宗《ぜんしゅう》を鎌倉幕府《かまくらばくふ》の仏法《ぶっぽう》とすれば、古い伝統と権威《けんい》をもつ朝廷《ちょうてい》・貴族《きぞく》にまけないことでしょう。

その禅宗《ぜんしゅう》寺院の最初は頼朝《よりとも》の一周忌《しゅうき》の翌月《よくげつ》（一二〇〇年二月）、北条政子《ほうじょうまさこ》が栄西《えいさい》を住持《じゅうじ》（寺の僧《そう》たちの長）にむかえて建立《こんりゅう》した寿福寺《じゅふくじ》でした。もとは頼朝《よりとも》が母の法要《ほうよう》をおこなった亀谷堂《かめがやつどう》を禅寺《ぜんでら》にあらためたものです。

禅宗《ぜんしゅう》寺院の伽藍《がらん》（建物）は中国の建築をとりいれた荘重《そうちょう》なものです。そのようすは鎌倉《かまくら》の建長寺《けんちょうじ》や円覚寺《えんがくじ》にみることができます。

◆護国《ごこく》の建長寺《けんちょうじ》

建長寺《けんちょうじ》は幕府《ばくふ》の執権《しっけん》・北条時頼《ほうじょうときより》が宋《そう》の禅僧《ぜんそう》・蘭渓道隆《らんけいどうりゅう》を開山《かいさん》（第一代の住持《じゅうじ》）にむかえて建立《こんりゅう》しました。『吾妻鏡《あずまかがみ》』建長《けんちょう》五年（一二五三）の項《こう》に落慶法要《らっけいほうよう》の記事があります。

> 十一月二十五日、建長寺《けんちょうじ》の供養《くよう》である。この寺は丈《じょう》六（一丈《じょう》六尺《しゃく》＝五メートル弱）の地蔵菩薩《じぞうぼさつ》を中尊《ちゅうそん》（本尊《ほんぞん》）とし、地蔵菩薩《じぞうぼさつ》千体を安置《あんち》している。（中略）導師《どうし》は宋《そう》の僧《そう》・道隆禅師《どうりゅうぜんじ》である。また一日のうちに五部大乗経《だいじょうきょう》（華厳《けごん》経《きょう》・法華経《ほけきょう》などの五つの重要経典）を書写し供養《くよう》した。この作善《さぜん》（功徳《くどく》をつむこと）の趣旨《しゅし》は、上は天皇《てんのう》の万歳《まんざい》、将軍家《しょうぐんけ》および重臣の千秋《せんしゅう》（長く繁栄《はんえい》すること）、天下太平を祈《いの》り、下は三代の上将《じょうしょう》（執権北条氏《しっけんほうじょうし》）・二位家《にいけ》（政子《まさこ》）および御一門《ごいちもん》の過去、多くの人びとの没後《ぼつご》をとむらうことだった。

円覚寺《えんがくじ》の大方丈《だいほうじょう》　方丈《ほうじょう》は禅宗《ぜんしゅう》の寺院《じいん》で僧《そう》がくらす建物をいい、坐禅《ざぜん》や信徒《しんと》の集まりなどにも使われる。

天皇《てんのう》と将軍家《しょうぐんけ》・重臣たちの万歳千秋《まんざいせんしゅう》（千秋万歳《せんずまんざい》）、天下太平を祈願《きがん》する建長寺《けんちょうじ》は、いわゆる鎮護国家《ちんごこっか》の寺院であり、正式には建長護国寺《けんちょうごこくじ》といいました。それとともに、亡《な》くなった人びとを供養《くよう》する寺でもあったのです。

建長寺《けんちょうじ》がある谷間は地獄谷《じごくだに》とよばれ、墓地《ぼち》があったところです。鎌倉《かまくら》時代には北条《ほうじょう》氏が権力《けんりょく》をにぎるまでに他の御家人《ごけにん》との争いがつづき、多くの人が処刑《しょけい》されたり、一族もろともに滅《ほろ》ぼされたりしました。そこに地蔵菩薩《じぞうぼさつ》の寺をたてて、霊《れい》をなぐさめることも天下太平のために重要なことだったのでしょう。

◆怨親平等《おんしんびょうどう》の円覚寺《えんがくじ》

円覚寺《えんがくじ》は弘安《こうあん》五年（一二八二）、執権北条時宗《しっけんほうじょうときむね》が宋《そう》から無学祖元《むがくそげん》をまねいて建立《こんりゅう》しました。二度にわたるモンゴル襲来《しゅうらい》（一二七四年・一二八一年）のときに死んだ兵士の霊《れい》を「怨親平等《おんしんびょうどう》（敵もみかたも同じ）」になぐさめたいという時宗《ときむね》の願いによって建立《こんりゅう》されたと伝えられています。

じつはそのころ、宋《そう》はモンゴル帝国《ていこく》（蒙古《もうこ》）によって滅《ほろ》ぼされ、中国はモンゴルがたてた王朝（元《げん》）の時代になっていました。無学祖元《むがくそげん》が中国にいたころ、すんでいた寺が元軍《げんぐん》におそわれたことがありました。そのときに無学祖元《むがくそげん》は「臨剣頌《りんけんじゅ》（剣《つるぎ》の前での詩）」とよばれる漢詩《かんし》をよみました。その気迫《きはく》に元軍《げんぐん》の兵士たちはたじろぎ、斬《き》ることができずにたちさったといいます。次の漢詩です。

乾坤《けんこん》　地《ち》に孤笻《こきょう》を卓《た》つるなく
喜《よろこ》び得《え》たり　人空《ひとくう》にして法《ほう》もまた空《くう》なるを
珍重《ちんちょう》せよ　大元三尺《たいげんさんじゃく》の剣《けん》
電光影裏《でんこうえいり》　春風《しゅんぷう》を斬《き》る

乾坤無地卓孤笻
喜得人空法亦空
珍重大元三尺剣
電光影裏斬春風

＊天地の間に一本の杖《つえ》を立てるところもなく、自分の居場所《いばしょ》はなくても、

 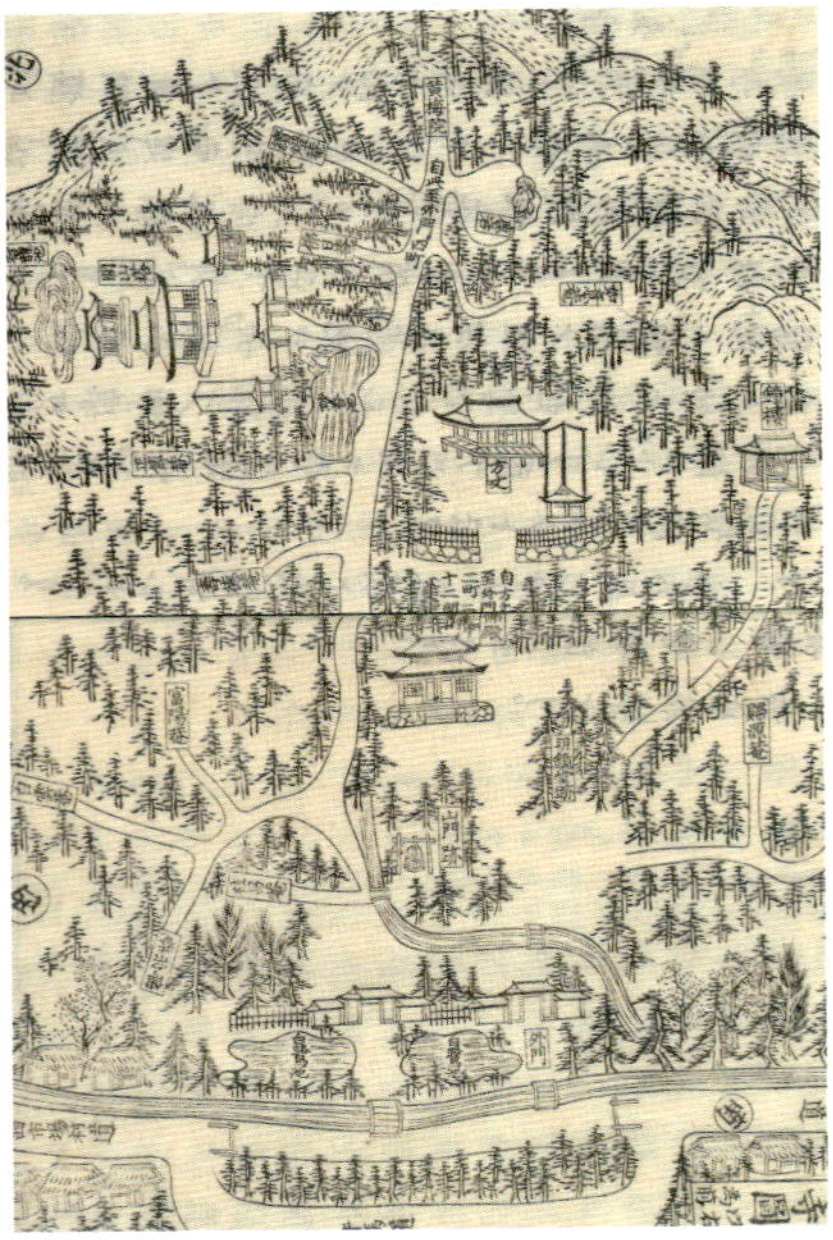

建長寺《けんちょうじ》（左）と円覚寺《えんがくじ》（右）　図は江戸《えど》時代のようす。
（国立国会図書館蔵『新編鎌倉志』より）

うれしいことに人も世界も空《くう》（広大な虚空《こくう》にあるもの）である。
たいせつにせよ、おまえがもつ偉大《いだい》な元《げん》の三尺《しゃく》の剣《けん》を。
わが首をうつときも、いなずまが春風《はるかぜ》をきるように軽《かろ》やかであろう。

この漢詩は、死にのぞんでも平然とした覚悟《かくご》をあらわしています。中学の歴史の教科書に、禅宗《ぜんしゅう》は武士の気風によくあっていたと書かれていますが、このような漢詩はたしかに武士の気風にちかいと思われます。ちなみに「覚悟《かくご》」はもとは仏教の言葉で、「さとり」を意味します。

なお、京都では建仁《けんにん》二年（一二〇二）に、二代将軍頼家《しょうぐんよりいえ》が栄西《えいさい》を開山《かいさん》（最初の住持《じゅうじ》）として建仁寺《けんにんじ》を建立《こんりゅう》したのが最初の禅宗《ぜんしゅう》寺院です。そして室町《むろまち》時代には金閣《きんかく》・銀閣《ぎんかく》などがたてられ、都の文化の中心にもなっていきました。

その禅宗《ぜんしゅう》のもとをひらいた栄西《えいさい》については、鎌倉新仏教《かまくらしんぶっきょう》の開祖《かいそ》の一人として、のちにあらためてお話しします。

鎌倉大仏《かまくらだいぶつ》の造立《ぞうりゅう》

◆阿弥陀仏《あみだぶつ》の大仏

鎌倉大仏《かまくらだいぶつ》は像の高さ一一・三メートルの巨大《きょだい》な仏像です。もとは奈良東大寺《とうだいじ》の大仏殿《だいぶつでん》のような建物がありましたが、室町《むろまち》時代の地震《じしん》による津波《つなみ》で流され、今は高徳院《こうとくいん》という浄土宗《じょうどしゅう》のお寺の境内《けいだい》にあります。

この大仏は奈良の大仏とならぶ巨大《きょだい》な仏像なのに、ふしぎなことに、どのように建立《こんりゅう》されたのかがほとんどわかっていません。『吾妻鏡《あずまかがみ》』には嘉禎《かてい》四年（一二

鎌倉大仏《かまくらだいぶつ》　全体のすがたは釈迦如来像《しゃかにょらいぞう》と同じだが、両手の親指と人差し指が輪になるかたちは阿弥陀仏《あみだぶつ》の特色。（高徳院）

三八）に浄光《じょうこう》という僧《そう》が大仏堂建立《だいぶつどうこんりゅう》のために勧進《かんじん》（寄進《きしん》をつのる運動）をはじめたこと、仁治《にんじ》二年（一二四一）に大《だい》仏殿上棟《ぶつでんじょうとう》、建長《けんちょう》四年（一二五二）のお彼岸《ひがん》に金銅《こんどう》八丈《じょう》の仏像を鋳《い》はじめたと、かんたんに書かれているだけで、幕《ばく》府《ふ》が積極的に援助《えんじょ》したということはなかったようです。

浄光《じょうこう》がどのような僧《そう》だったのかも不明です。しかし、多くの寄進《きしん》がなければ大仏をつくることはできません。浄光《じょうこう》は人びとからしたわれた僧《そう》で、上人《しょうにん》とか聖《ひじり》とよばれる民間の念仏僧《ねんぶつそう》だったのでしょう。

鎌倉大仏《かまくらだいぶつ》は、はじめは木像で、青銅製につくりかえられました。はじめの木像の大仏がつくられていたころ、京都から鎌倉《かまくら》に旅した人が記《しる》した『東関紀行《とうかんきこう》』（筆者不明）に、そのようすが次のように書かれています。

由比ヶ浜《ゆいがはま》というところに阿弥陀仏《あみだぶつ》の大仏をおつくりしているという人があったので、さそいあって参《まい》ると、尊《とうと》く有難《ありがた》い仏像であった。その起源《きげん》をたずねると、もとは遠江国《とおとうみのくに》（静岡県）の浄光上人《じょうこうしょうにん》という者がいて、延応《えんおう》（一二三九～四〇年）のころから関東で貴賤《きせん》（身分の高低）をとわず勧進《かんじん》して仏像をつくり堂舎《どうしゃ》をたてた。（中略）仏像は二、三年かかるはずの仕事が早くすすみ、堂の構えはあの十二楼《ろう》（中国の崑崙山中《こんろんさんちゅう》にあるという伝説の宮殿《きゅうでん》）より高い。（中略）東大寺《とうだいじ》は金銅、鎌倉《かまくら》は木像というちがいはあるけれど、末代《まつだい》にはふしぎ

懸仏《かけぼとけ》　銅板や鉄板にうきぼりした簡素《かんそ》な仏像で、壁《かべ》にかけて拝《おが》んだ。（奈良国立博物館蔵）

板碑《いたび》　死者の供養《くよう》のために石の板に梵字《ぼんじ》（仏をあらわす文字）や仏像をきざんでたてたもの。鎌倉《かまくら》・室町《むろまち》時代に関東地方で多くつくられた。（東京都中野区・宝仙寺蔵）

（末法《まっぽう》の世にはありえないこと）というべきであろう。仏法東漸《ぶっぽうとうぜん》のみぎりに権《ごん》現力《げんりき》（仏が日本に化現《けげん》した力）をくわえられたのであろうと有難《ありがた》く思われた。

鎌倉《かまくら》時代には造寺・造仏の功徳《くどく》を願う仏像造立《ぶつぞうぞうりゅう》が民衆《みんしゅう》に広まり、板金に仏像をえがいた簡素《かんそ》な懸仏《かけぼとけ》や、石の供養塔《くようとう》の板碑《いたび》などが民家や道わきにも広くまつられるようになりました。大きな鎌倉大仏《かまくらだいぶつ》も、そのような信仰《しんこう》の広まりによって、人びとがすこしずつ寄進《きしん》してつくられたのでしょう。

浄土宗《じょうどしゅう》や日蓮宗《にちれんしゅう》の寺々

◆極楽寺《ごくらくじ》と光明寺《こうみょうじ》

鎌倉大仏《かまくらだいぶつ》の近くに極楽寺《ごくらくじ》という寺院があります。それは奈良の西大寺《さいだいじ》から新しくおこった真言律宗《しんごんりっしゅう》のお寺です。それについては「第十一章　鎌倉《かまくら》時代の旧仏《きゅうぶっ》教《きょう》」であらためてお話しします。

由比《ゆい》ヶ浜《がはま》の東、材木座《ざいもくざ》とよばれる海辺にある光明寺《こうみょうじ》は鎌倉新仏教《かまくらしんぶっきょう》の浄土宗《じょうどしゅう》の寺院です。この寺は開祖法然《かいそほうねん》の孫弟子《まごでし》・良忠《りょうちゅう》（一一九九～一二八七年）が関東布《ふ》教《きょう》の拠点《きょてん》としてひらいたもので、浄土宗《じょうどしゅう》の関東総本山《そうほんざん》とよばれました。

◆日蓮《にちれん》ゆかりの地

鎌倉《かまくら》とその周辺には日蓮宗《にちれんしゅう》の寺院がたくさんあります。日蓮《にちれん》（一二二二～一二八二年）は鎌倉新仏教《かまくらしんぶっきょう》の開祖《かいそ》のなかで、ただ一人、関東にうまれ、鎌倉《かまくら》で布教《ふきょう》した人です。そのため、ゆかりの土地に寺院が建立《こんりゅう》されたのです。

第六章

無《む》常《じょう》の文学

鴨《かものちょうめい》 長明の方丈《ほうじょう》の家（復元模型／京都市・下鴨神社）

うつろいゆくもの

◆『平家物語《へいけものがたり》』と『方丈記《ほうじょうき》』

仏教に「諸行無常《しょぎょうむじょう》」という言葉あります。すべてはうつろい、かわらないものはないということです。平安《へいあん》時代には和歌《わか》や物語の情感にもなり、鎌倉《かまくら》時代にひきつがれました。有名なのは『平家物語《へいけものがたり》』や『方丈記《ほうじょうき》』です。

「祇園精舎《ぎおんしょうじゃ》の鐘《かね》の声《こえ》、諸行無常《しょぎょうむじょう》の響《ひび》きあり」

これは『平家物語《へいけものがたり》』の冒頭《ぼうとう》です。インドにあった僧院《そういん》（祇園精舎《ぎおんしょうじゃ》）の鐘は諸《しょ》行無常《ぎょうむじょう》の音がする。つづいて、その僧院《そういん》の木（沙羅双樹《さらそうじゅ》）の花は、栄える者はかならず滅《ほろ》びるという法則をしめしているといい、平氏《へいし》一門の盛衰《せいすい》を語ります。

『方丈記《ほうじょうき》』は「ゆく河《かわ》の流れは絶《た》えずして、しかももとの水にあらず。よどみに浮《うか》（か）ぶうたかた（泡《あわ》）は、かつ消え、かつ結《むす》びて、久しくとどまりたるためしなし」とはじまります。川の水はつねに流れさっていく。川面にうかぶ泡《あわ》も消えてはうまれ、いつまでも消えないものはないという意味です。

『方丈記《ほうじょうき》』は鴨長明《かものちょうめい》（一一五五?～一二一六年）が書いた随筆《ずいひつ》です。長明《ちょうめい》は京都の下鴨神社《しもがもじんじゃ》の神職《しんしょく》の家にうまれましたが、出家《しゅっけ》して方一丈《ほういちじょう》（約三メートル四方）

紅葉《もみじ》をながめる西行《さいぎょう》（『西行絵物語』鎌倉時代・国立国会図書館蔵）

の庵《いおり》にすみ、六十歳《さい》の還暦《かんれき》を前に書いたと記《しる》しています。

『方丈記《ほうじょうき》』は冒頭《ぼうとう》に無常観《むじょうかん》を語りますが、ただ感傷的《かんしょうてき》にあわれむのではなく、無常《むじょう》のむこうに永遠の極楽浄土《ごくらくじょうど》をみたのです。

『方丈記《ほうじょうき》』は「不請《ふしょう》の阿弥陀仏《あみだぶつ》、両三遍《りょうさんべん》（二、三回）申してやみぬ」という言葉でおわります。「不請《ふしょう》の阿弥陀仏《あみだぶつ》」は「求めない阿弥陀仏《あみだぶつ》」ということです。鴨長明《かものちょうめい》の庵《いおり》には阿弥陀仏《あみだぶつ》の画像がかけられていました。観無量寿経《かんむりょうじゅきょう》という経典に阿弥陀仏《あみだぶつ》は、たとえ極楽往生《ごくらくおうじょう》を願わない者でも救うと説かれていることによると思われます。鴨長明《かものちょうめい》は日々に念仏《ねんぶつ》しながら、それを願ったのでしょう。

『平家物語《へいけものがたり》』も、平家《へいけ》の人びとは次々に死んでいったけれど、「みな往生《おうじょう》の素《そ》懐《がい》をとげけるとぞ聞こえし（みな日ごろの願いの極楽往生《ごくらくおうじょう》をとげたといわれている）」という言葉でおわります。

◆西行《さいぎょう》の歌

鎌倉《かまくら》時代初期に編《あ》まれた『新古今和歌集《しんこきんわかしゅう》』にいちばん多く歌がのせられている西行《さいぎょう》（一一一八～一一九〇年）も無常《むじょう》をうたいましたが、やはり心は浄土《じょうど》にむけられていました。

「闇《やみ》はれて心の空にすむ月は西の山べや近くなるらむ」

西の山べとは、西方にあるという極楽浄土《ごくらくじょうど》を意味します。満ちては欠ける月は永遠のしるしで、極楽《ごくらく》の阿弥陀仏《あみだぶつ》にたとえられ、月をみると心の闇《やみ》もはれ、その月といっしょに自分の心も浄土《じょうど》にいくとうたわれています。

「願わくば花の下にて春死なん　その望月《もちづき》の如月《きさらぎ》の頃《ころ》」

これは有名な西行《さいぎょう》の歌で、釈迦《しゃか》が入滅《にゅうめつ》したという二月の満月の日に桜の下で死にたいとうたわれています。近年は樹木葬《じゅもくそう》の霊園《れいえん》によく桜がうえられ、この歌の碑《ひ》がたてられています。

第七章

新仏教の誕生《たんじょう》

開祖《かいそ》がうまれた時代

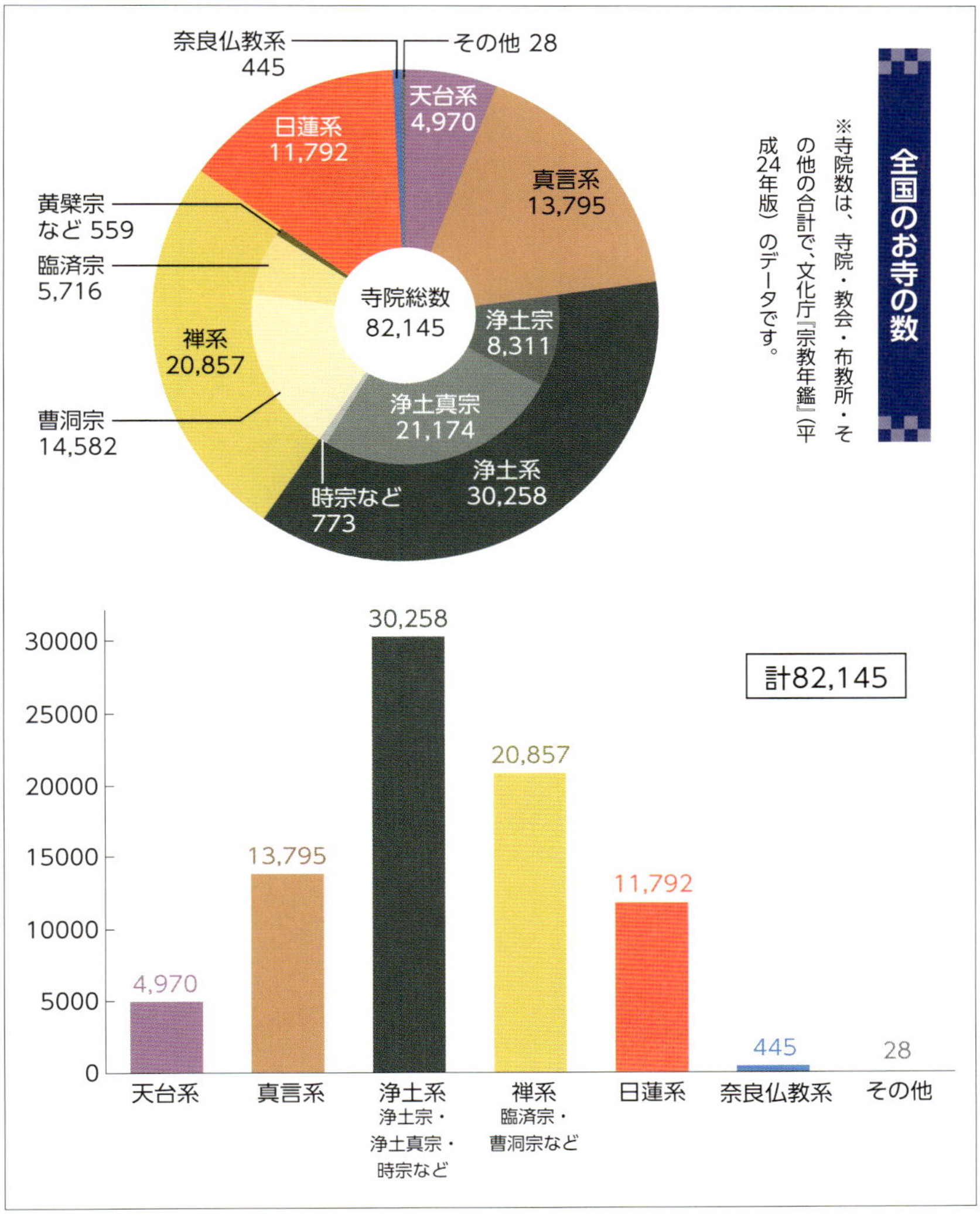

日本の仏教の宗派《しゅうは》

お寺の八割《わり》は鎌倉新仏教系《かまくらしんぶっきょうけい》

国の文化庁《ぶんかちょう》の統計によると、現在の日本にはおよそ八万のお寺があり、「宗《しゅう》」とか「宗《しゅう》派《は》」とよばれる系統《けいとう》にわけられています。

お寺の数が多いのは、上のグラフにみるように五つの宗派《しゅうは》・系統《けいとう》で、全寺院の99%をしめます。①天台宗《てんだいしゅう》、②真言宗《しんごんしゅう》、③浄土系《じょうどけい》（浄土《じょうど》宗《しゅう》・浄土真宗《じょうどしんしゅう》・時宗《じしゅう》）、④禅系《ぜんけい》（臨済宗《りんざいしゅう》・曹洞《そうとう》宗《しゅう》）、⑤日蓮系《にちれんけい》（法華宗《ほっけしゅう》）です。このうち、天《てん》台宗《だいしゅう》と真言宗《しんごんしゅう》は平安《へいあん》時代にうまれました。ほかの三つは鎌倉《かまくら》時代にうまれたので「鎌倉新仏《かまくらしんぶっ》教《きょう》」とよばれています。

鎌倉新仏教《かまくらしんぶっきょう》のお寺の数は全寺院のおよそ八割《わり》にもなります。中学校の歴史の教科書でも

言葉

仏教からうまれたことわざ

仏教がくらしのなかに根づいてうまれたことわざは、たくさんあります。今ではもとの意味とちがってつかわれることわざもあります。

【情《なさ》けは人のためならず】

人に情《なさ》けをかけてたすけると、めぐりめぐって自分のためにもなる。むやみに同情すると相手のためにならないという意味ではない。

【袖《そで》すりあうも他生《たしょう》の縁《えん》】

知らない人どうしでも、道ですれちがうような少しの縁があるということではない。他生《たしょう》は前世《ぜんせ》のこと。道ですれちがうような出会いでも、他生《たしょう》で友だちだったというような縁があったからで、どんな人ともどこかでつながっているということ。

「鎌倉《かまくら》時代の新しい仏教」としてとりあげられているのは、それが現在の多くの寺院のもとになっているからです。

とはいえ、鎌倉《かまくら》時代には新仏教各宗《かくしゅう》はまだ大きな宗派《しゅうは》ではなく、その開祖《かいそ》が人びとに広く知られていたわけではありません。新仏教にたいして「旧仏教《きゅうぶっきょう》」とよばれる天台宗《てんだいしゅう》や真言宗《しんごんしゅう》が大きな勢力であり、今も多くの寺院があります。同じく「旧仏教《きゅうぶっきょう》」の奈良仏教系《ならぶっきょうけい》は、現在の寺院数は少ないけれど、興福寺《こうふくじ》・東《とう》大寺《だいじ》・西大寺《さいだいじ》など古い歴史と権威《けんい》をもつ寺院が多く、やはり大きな勢力でした。

◆日本語に根づく仏教の言葉

鎌倉新仏教《かまくらしんぶっきょう》は奈良時代と平安《へいあん》時代の仏教をもとに、先にお話しした末法《まっぽう》という意識によって新しく誕生《たんじょう》しました。

そして、次の室町《むろまち》時代に広まり、江戸《えど》時代には現在のように大きな割合《わりあい》をしめるようになったのです。しかし今では、仏教にいろいろな宗派《しゅうは》があるとは知らなかったという人も多いはずです。初詣《はつもうで》や観光などでお寺まいりをするとき、そのお寺が何宗《なにしゅう》なのかを気にする人はほとんどいないからでしょう。

なぜそうなったのかについては第五巻《かん》『江戸《えど》時代と日本人の心』でとりあげますが、仏教はふだんは意識されないほど、わたしたちの心に深く根づいています。そのため、なにげなく話していることにも、もとは経典の言葉がたくさんあります。たとえば、ありがとう（有難《ありがた》し）、がまん（我慢）、無心、観念、宇宙《うちゅう》、世間、世界、ふしぎ（不思議）、縁《えん》などです。

もし、仏教の言葉がなかったら、わたしたちは話すことも、考えることもできなくなるほどです。なかでも禅宗《ぜんしゅう》の言葉は、あいさつ（挨拶）、くふう（工夫）、主人公、玄関《げんかん》など、今の日常用語にとても多いのです。その大きな原点が鎌倉新《かまくらしん》仏教《ぶっきょう》にあるのですから、日本史のうえで重視《じゅうし》されるのは当然です。

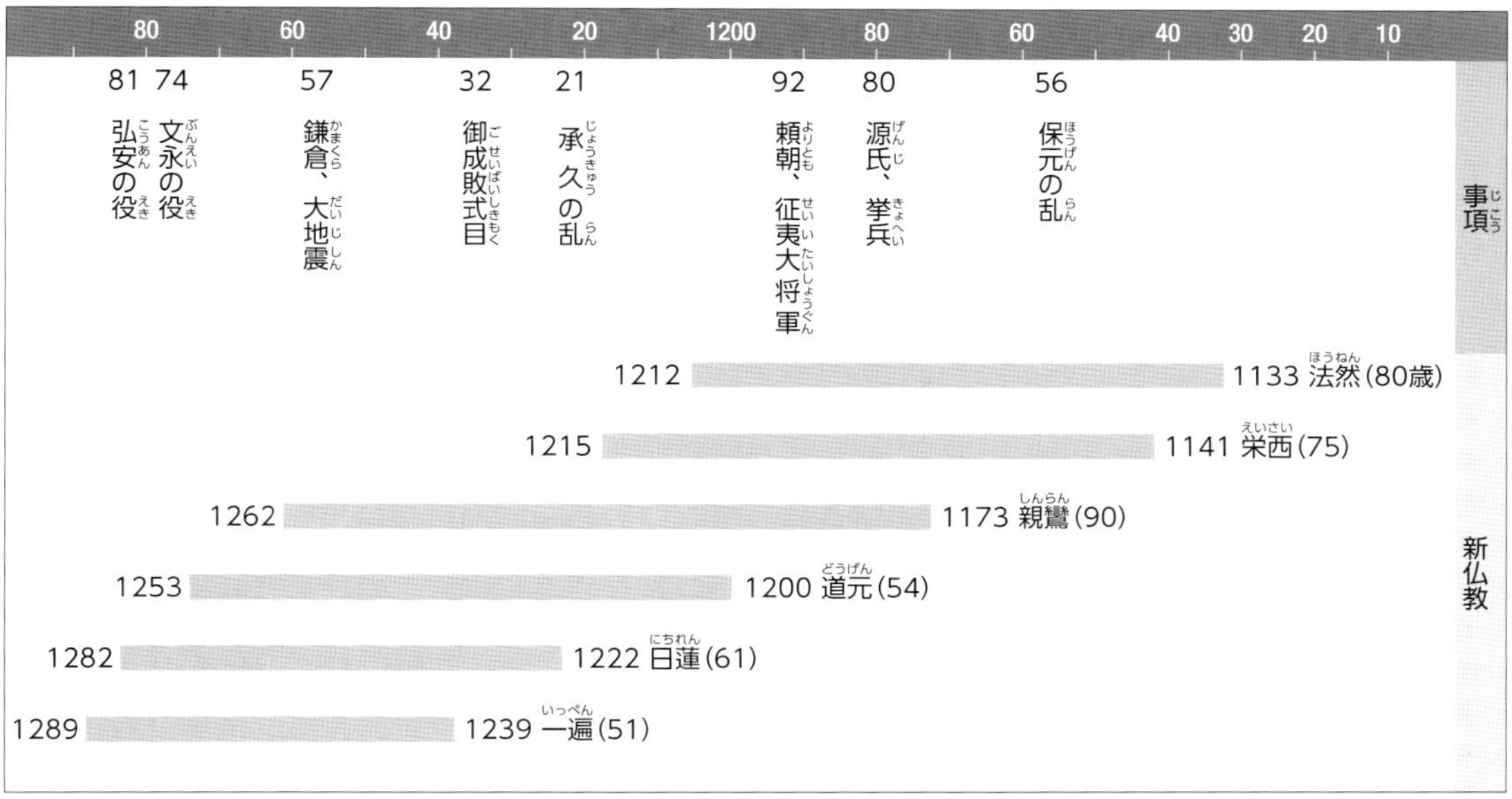

鎌倉新仏教《かまくらしんぶっきょう》の開祖の生没年《せいぼつねん》

新仏教の開祖《かいそ》

◆末法《まっぽう》の日本で

鎌倉新仏教《かまくらしんぶっきょう》には六人の開祖《かいそ》がいます。その六人の開祖《かいそ》のうち、早くうまれたのは法然《ほうねん》です。平安《へいあん》時代末期に、世は末法《まっぽう》であるとさかんにいわれるようになったころでした。法然《ほうねん》は専修念仏《せんじゅねんぶつ》を人びとに説き広めました。専修念仏《せんじゅねんぶつ》とは「専《もっぱ》ら念仏《ねんぶつ》を修《しゅ》すること」です。大きな寺院を建立《こんりゅう》したり、きびしい修行をしなくても、ただ口に念仏《ねんぶつ》（南無阿弥陀仏《なむあみだぶつ》）をとなえればよいと法然《ほうねん》はいいます。

なぜ、「南無阿弥陀仏《なむあみだぶつ》」だけでよいのか。そのことについて次の「浄土系新仏教《じょうどけいしんぶっきょう》」の章でお話ししますが、法然《ほうねん》は他の教えがまちがっているといっているのではありません。阿弥陀仏《あみだぶつ》に救いを願うのが末法《まっぽう》の日本人にはふさわしいということです。

それは「時処機相応《じしょきそうおう》」といわれる考えかたによります。仏教には八万四千もの法門《ほうもん》（教え）があるといわれます。そのなかで時《とき》と処《ところ》と人びとの機根《きこん》（能力や素質）にふさわしいのはのどれかということが問題です。

インドや中国からみると、日本は東方の辺土《へんど》（辺境の地）だと思われたうえ、時は末法《まっぽう》で、人びとの機根《きこん》はおとろえています。この末法《まっぽう》の日本の人びとを救う教えはなになのか。鎌倉新仏教《かまくらしんぶっきょう》の開祖《かいそ》たちは、この問いにとりくみ、それぞれに教えをえらんでいきました。そこから新しい仏教がうまれたのです。

それは奈良の寺々や比叡山《ひえいざん》などの大寺院を中心とするしくみをくずすことにもなり、はげしい迫害《はくがい》をうけることにもなりました。建永《けんえい》元年（一二〇六）には法《ほう》然《ねん》の二人の弟子《でし》、住蓮《じゅうれん》と遵西《じゅんさい》が死罪《しざい》になり、翌年《よくとし》、法然《ほうねん》は四国に、親鸞《しんらん》は越後《えちご》（新

建仁寺《けんにんじ》　建仁《けんにん》2年(1202)、二代将軍《しょうぐん》・源《みなもとの》　頼家《よりいえ》の外護《げご》（援《えん》助《じょ》）によって栄西《えいさい》が建《こん》立《りゅう》し、京都で最初の禅《ぜん》院《いん》になった。
(写真は法堂)

潟県）に流されるという事件もおこりました。

◆仏法の永続

いっぽう、「旧仏教《きゅうぶっきょう》」のほうにも危機感《ききかん》がありました。「旧仏教《きゅうぶっきょう》」の寺々は飛鳥《あすか》・奈良の昔から鎮護国家《ちんごこっか》（国の安泰《あんたい》、人びとの幸福を祈《いの》ること）を役目としてきました。しかし、末法《まっぽう》が深まると、仏法滅尽《ぶっぽうめつじん》の世がくるとされます。仏法が滅《ほろ》びつくしてしまえば鎮護国家《ちんごこっか》はなりたたず、世の中の秩序《ちつじょ》もこわれます。人を殺したり強盗《ごうとう》をしたりしても、なにも恐《おそ》れることはありません。つかまりさえしなければいい。敵に勝ちさえすればいいということになります。平安《へいあん》時代末期の保《ほう》元《げん》・平治《へいじ》の乱《らん》や源平《げんぺい》の争乱《そうらん》のころには、そんな世の中になりました。

それに、神仏の助けがなくなれば天候不順で飢饉《ききん》になったり、疫病《えきびょう》がはやったり、大地震《おおじしん》におそわれたりするのではないかという不安がたかまりました。じっさい、飢饉《ききん》や疫病《えきびょう》はくりかえしおそって人びとを苦しめたのです。

そのような末法到来《まっぽうとうらい》の世に、「令法久住《りょうぼうくじゅう》（仏法をながく世にあらしめること）」と「興法利生《こうぼうりしょう》（仏法をおこし衆生《しゅじょう》を利益《りやく》すること）」ということがさかんにいわれるようになりました。法然《ほうねん》とならんで鎌倉新仏教《かまくらしんぶっきょう》のさきがけになった栄西《えいさい》は主《しゅ》著《ちょ》『興禅護国論《こうぜんごこくろん》』の第一章に「正法《しょうぼう》を世に久住《くじゅう》せしむる論」を説き、禅宗《ぜんしゅう》こそ護国《ごこく》の仏法であると主張しました。

また、「旧仏教《きゅうぶっきょう》」の側でも、奈良西大寺《さいだいじ》の僧《そう》の叡存《えいぞん》、忍性《にんしょう》などが「令法久《りょうぼうく》住《じゅう》」「興法利生《こうぼうりしょう》」の革新運動《かくしんうんどう》をおこしました。西大寺流《さいだいじりゅう》とよばれた真言律宗《しんごんりっしゅう》は大きな勢力になり、鎌倉幕府《かまくらばくふ》に禅宗《ぜんしゅう》とともに重んじられました。モンゴル襲来《しゅうらい》のときには全国の寺社で「日域安穏《にちいきあんのん》（日本安泰《あんたい》）」の祈禱《きとう》をおこないましたが、そのとき大きな役割《やくわり》をになったのも真言律宗《しんごんりっしゅう》でした。

以下、宗派《しゅうは》の系統《けいとう》ごとに鎌倉《かまくら》時代の動きをみていきます。

第八章

浄土系《じょうどけい》の新仏教

法然《ほうねん》・親鸞《しんらん》・一遍《いっぺん》

当麻曼荼羅《たいままんだら》　経典に説かれている阿弥陀仏《あみだぶつ》のすがたや極楽浄土《ごくらくじょうど》のようすをえがいたもので、浄土変相図《じょうどへんそうず》ともいう。最初に当麻寺《たいまでら》（奈良県葛城《かつらぎ》市）でつくられ、数多く模写《もしゃ》されて広まった。（東京都・町田市立国際版画美術館蔵）

極楽浄土《ごくらくじょうど》への往生《おうじょう》

◆極楽浄土《ごくらくじょうど》はあるのか

死後に極楽浄土《ごくらくじょうど》への往生《おうじょう》（極楽《ごくらく》にうまれること）を願う仏教を浄土教《じょうどきょう》、また浄土信仰《じょうどしんこう》といいます。しかし、そもそも、極楽浄土《ごくらくじょうど》というものが、ほんとうにあるのでしょうか。死後にうまれかわるということがあるのでしょうか。

そんなことは昔の迷信《めいしん》だと思われるかもしれません。しかし、今でも、人が亡《な》くなれば、「やすらかにお休みくださいさい」とか「天国からみまもってください」などといいます。

人が死ねば骨《ほね》と灰《はい》になっておしまい、というわけにはいきません。まして、親やきょうだいなど、親しい人がなくなれば、死後にやすらかであるように祈《いの》って、葬儀《そうぎ》やお別れの会をするものなのです。

極楽浄土《ごくらくじょうど》の阿弥陀三尊《あみださんぞん》
極楽浄土《ごくらくじょうど》の宮殿《きゅうでん》には阿弥《あみ》陀如来《だにょらい》が坐《ざ》し、観音菩薩《かんのんぼさつ》が左（むかって右）、勢至菩《せいしぼ》薩《さつ》が右にひかえていると経典に説かれている。それを阿弥陀三尊《あみださんぞん》という。この絵は当麻曼荼羅《たいままんだら》の中央に坐《ざ》す阿弥陀三尊《あみださんぞん》だが、仏像でもよくつくられる。（東京都・町田市立国際版画美術館蔵）

仏教の経典には、かがやかしい仏の国があるといい、そこに阿弥陀仏《あみだぶつ》が迎《むか》えてくれると説かれています。なかでも観無量寿経《かんむりょうじゅきょう》に極楽《ごくらく》と阿弥陀仏《あみだぶつ》のすがたや、どのように迎《むか》えられるのかがくわしく説かれています。それを絵画であらわしたのが前ページの当麻曼荼羅《たいままんだら》です。

ちなみに極楽《ごくらく》は古代インドでは「スカーヴァティー（幸せがあるところ）」といいました。それを「いちばん幸福な国」ということから「極楽《ごくらく》」と訳《やく》したものです。そして、浄《きよ》らかな幸福にみちた国土という意味で「浄土《じょうど》」といいます。

◆極楽往生《ごくらくおうじょう》の条件

この極楽浄土《ごくらくじょうど》に往生《おうじょう》するには条件があります。生前《せいぜん》（生きているうち）に悪いことをしてはいけません。死後に転生《てんしょう》するという六つの世界（六道《ろくどう》）のなかでも、悪い生きかたをした人は地獄《じごく》（地下の牢獄《ろうごく》）や餓鬼《がき》（飢《う》えに苦しむ幽鬼《ゆうき》の世界）・畜生《ちくしょう》（家畜《かちく》のような動物の世界）におちるといわれます。また、悪いことをしなければいいのではありません。布施《ふせ》をしたり、きびしい修行《しゅぎょう》をしたりして、善業《ぜんごう》（よいおこない）と功徳《くどく》（よい結果を得るもと）をつんでおかなくてはなりません。17ページでのべた「作善《さぜん》」も、功徳《くどく》をつむためにおこなわれました。

極楽往生《ごくらくおうじょう》のためには、とりわけ重要なのが念仏《ねんぶつ》です。念仏《ねんぶつ》は文字どおり「仏を念《ねん》じること」です。阿弥陀仏《あみだぶつ》と極楽浄土《ごくらくじょうど》を心に思いえがいて、念《ねん》じるのです。それを観念念仏《かんねんねんぶつ》とか観相念仏《かんそうねんぶつ》といいます。

しかし、雑念《ざつねん》なく仏を念《ねん》じるのは、修行をつんだ僧《そう》でもむずかしいことです。まして、末法到来《まっぽうとうらい》の世に、そんな念仏《ねんぶつ》をできる人がいるでしょうか。

そこで着目されたのが、阿弥陀仏《あみだぶつ》の四十八願《がん》の第十八に、「わが国土に往生《おうじょう》したいと願って、たとえ十回だけでも念仏《ねんぶつ》すれば、かならず往生《おうじょう》できるようにする」と経典に説かれていることでした。その念仏《ねんぶつ》は仏を心に念《ねん》じることではなく、口に「阿弥陀仏《あみだぶつ》の名を称《とな》えること」、すなわち称名念仏《しょうみょうねんぶつ》だと考えられました。口に「南無阿弥陀仏《なむあみだぶつ》」ととなえるだけなら、むずかしいことではありません。

法然《ほうねん》は主著《しゅちょ》『選択本願念仏集《せんちゃくほんがんねんぶつしゅう》』を「南無阿弥陀仏《なむあみだぶつ》　往生《おうじょう》の業《ごう》　念仏為先《ねんぶついせん》」という言葉から書きはじめています。「極楽《ごくらく》に往生《おうじょう》するためには、とにかく口に念《ねん》仏《ぶつ》をとなえなさい」というのです。

法然《ほうねん》と浄土宗《じょうどしゅう》

◆選択本願《せんちゃくほんがん》の念仏《ねんぶつ》

法然《ほうねん》は長承《ちょうしょう》二年（一一三三）、美作《みまさか》の稲岡庄《いなおかのしょう》（岡山県久米南町《くめなんちょう》）でうまれました。

法然《ほうねん》（1133〜1212年）　浄土宗《じょうどしゅう》の開祖《かいそ》。

法然《ほうねん》の生涯《しょうがい》

◉1133年（1歳《さい》）＊年齢《ねんれい》は数え年
美作国稲岡庄《みまさかのくにいなおかのしょう》（岡山県久米南町《くめなんちょう》）にうまれる。名は勢至丸《せいしまる》。

◉1141年（9歳《さい》）
館《やかた》が稲岡庄《いなおかのしょう》の庄官《しょうかん》（荘園《しょうえん》の管理者）の明石定明《あかしさだあきら》に夜襲《やしゅう》され、父が死亡《しぼう》。勢至丸《せいしまる》は叔父《おじ》の勧覚《かんがく》がいる菩提寺《ぼだいじ》（岡山県奈義町《なぎちょう》）にひきとられる。

◉1145年（13歳《さい》）
比叡山《ひえいざん》にのぼり、西塔北谷《さいとうきただに》の源光《げんこう》の弟子《でし》になる。

◉1147年（15歳《さい》）
比叡山《ひえいざん》で受戒《じゅかい》。正式に僧《そう》になる。

◉1150年（18歳《さい》）
比叡山《ひえいざん》の西塔黒谷《さいとうくろだに》にうつり叡空《えいくう》の弟子《でし》になり、法然房源空《ほうねんぼうげんくう》の名をうける。

◉1175年（43歳《さい》）
中国浄土教《じょうどきょう》の善導《ぜんどう》（613〜681年）の著書《ちょしょ》（『観無量寿経疏《かんむりょうじゅきょうしょ》』）を読み、「阿弥陀仏《あみだぶつ》の名をとなえさえすれば、往生《おうじょう》できる」という言葉によって称名念仏《しょうみょうねんぶつ》（阿弥陀仏《あみだぶつ》の名をとなえること）による往生《おうじょう》を確信。専修念仏《せんじゅねんぶつ》（一心にとなえること）の法門《ほうもん》をひらく。これを浄土宗《じょうどしゅう》の開宗《かいしゅう》とする。
以後、京都東山《ひがしやま》の吉水《よしみず》を拠点に専修念仏《せんじゅねんぶつ》を広める。

◉1198年（66歳《さい》）
専修念仏《せんじゅねんぶつ》の教義を『選択本願念仏集《せんちゃくほんがんねんぶつしゅう》』にまとめる。

◉1204年（72歳《さい》）
弟子《でし》たちに行動をいましめる『制誡七箇条《せいかいしちかじょう》』をつくり、比叡山《ひえいざん》に提出する。

◉1205年（73歳《さい》）
奈良《なら》の興福寺《こうふくじ》から念仏禁断《ねんぶつきんだん》の訴《うった》えが朝廷《ちょうてい》にだされる。

◉1207年（75歳《さい》）
弟子《でし》2名が死罪《しざい》。法然《ほうねん》は四国に流される。

◉1211年（79歳《さい》）
京都東山《ひがしやま》の吉水《よしみず》にもどるが、病《やまい》にたおれる。

◉1212年（80歳《さい》）
1月25日に寂《じゃく》。

法然生誕《ほうねんせいたん》の地にたつ誕生寺《たんじょうじ》　法然《ほうねん》は中国山地の盆地《ぼんち》の里にうまれた。その生家が誕生寺《たんじょうじ》になったという。
（岡山県久米南町）

父は漆間時国《うるまときくに》という豪族《ごうぞく》です。警察《けいさつ》のような役目の押領使《おうりょうし》という地方官をつとめる武士でしたが、九歳《さい》のとき、館《やかた》が在地の武士に夜襲《やしゅう》されて父は死にました。法然《ほうねん》は寺にひきとられてそだち、十三歳《さい》のとき、比叡山《ひえいざん》にのぼりました。それから三十年たった承安《じょうあん》五年（一一七五）、法然《ほうねん》は「人は散漫《さんまん》な心のまま、ただ念仏《ねんぶつ》をとなえればよい」と確信し、専修念仏《せんじゅねんぶつ》の浄土宗《じょうどしゅう》をひらきました。

その教えの根拠《こんきょ》は、無量寿経《むりょうじゅきょう》に、阿弥陀仏《あみだぶつ》はどんな人でも救いたいと願い、四十八の本願《ほんがん》をたてて極楽《ごくらく》という仏の国をつくったと説かれていることです。

法然《ほうねん》は主著《しゅちょ》『選択本願念仏集《せんちゃくほんがんねんぶつしゅう》』のなかで、たくさんの経典や論書を比較検討《ひかくけんとう》しています。それらの経典や論書はそれぞれ、すぐれた教えが説かれているけれど、末法《まっぽう》の凡夫《ぼんぶ》（おとろえた世のふつうの人）には、それを修行する力がない。それゆえ、阿弥陀仏《あみだぶつ》が本願《ほんがん》にこめた力にたよるほかはない。そもそも四十八項目《こうもく》の本願《ほんがん》はおとった人こそ救うために阿弥陀仏《あみだぶつ》がえらんだもので、口にとなえる称《しょう》名念仏《みょうねんぶつ》は、そのために「阿弥陀仏《あみだぶつ》自身によって選択《せんちゃく》された本願《ほんがん》による念仏《ねんぶつ》」であるとして、書名も『選択本願念仏集《せんちゃくほんがんねんぶつしゅう》』としました。

そして仏教は、自力で修行《しゅぎょう》していく聖道門《しょうどうもん》（出家の聖者《せいじゃ》の仏道）と他力《たりき》による救いを願う浄土門《じょうどもん》に二分されました。他力《たりき》の「他」は人間を超《こ》えたもの、すなわち仏のことで、とりわけ阿弥陀仏《あみだぶつ》の本願《ほんがん》の力（本願力《ほんがんりき》）をいいます。

◆悪の自覚

今では無責任に他人まかせにすることを「他力本願《たりきほんがん》」ともいいますが、本来は仏の力による救いを願うことです。そして人間を超《こ》えた大きな力をもつ仏の前に自己をおくことから、人の心を深くみつめる信仰《しんこう》の世界がひらかれました。

仏教に煩悩《ぼんのう》という言葉があります。いろいろな苦しみをまねく心の迷いです。大晦日《おおみそか》に除夜《じょや》の鐘《かね》を百八回ならすのは、人間がもつ百八種類の煩悩《ぼんのう》を一年のおわ

比叡山《ひえいざん》に登る　法然《ほうねん》は13歳《さい》のとき、比叡山《ひえいざん》にはいり、出家《しゅっけ》の道にすすんだ。
(『法然上人絵伝』増上寺蔵より)

りに清めて新年をむかえるためだといわれますが、いちばん基本の煩悩《ぼんのう》は貪欲《とんよく》(欲望《よくぼう》)と瞋恚《しんに》(怒《いか》り)と愚痴《ぐち》(おろかさ)で、あわせて三毒《さんどく》といいます。これらの煩悩《ぼんのう》を消しさることが仏道の修行ですが、生きていれば、さまざまな欲望《よくぼう》にとらわれたり、思わず怒《いか》ったりするのをさけることはできません。

最初にとりあげた『末法燈明記《まっぽうとうみょうき》』(↓9ページ)に「よく戒《かい》をたもっている者がいるというなら、それは怪異《かいい》で、町に虎《とら》がいるようなものだ」というように、完全に煩悩《ぼんのう》をなくした人などいるはずがありません。そういう人がいるなら、どこかで自分をごまかして善人《ぜんにん》をよそおっているにちがいありません。

法然《ほうねん》は自身を「愚痴《ぐち》・十悪《じゅうあく》の法然房《ほうねんぼう》」といい、罪《つみ》にそまった人間だと自覚しました。十悪《じゅうあく》とは殺生《せっしょう》(殺し)・偸盗《ちゅうとう》(ぬすみ)・妄語《もうご》(うそ)・綺語《きご》(ごまかし)・悪口《あっく》などで、いろいろな悪のことです。しかも、愚痴《ぐち》(おろかさ)のため、修行《しゅぎょう》しようとしても、ますます煩悩《ぼんのう》にとらわれ、罪《つみ》の意識は深まるばかりです。

法然《ほうねん》はそのことに長くなやみ、四十三歳《さい》になって、「ほかの修行をしようなどと思わずに念仏《ねんぶつ》をとなえればよい」という専修念仏《せんじゅねんぶつ》の浄土門《じょうどもん》をひらいたのです。そのとき、自分は善人《ぜんにん》だといつわったり、すぐれた人間だなどと虚勢《きょせい》をはることなく、仏の前ですなおに生きることができるようになったのです。

また、平安《へいあん》時代には日時や方角などの吉凶《きっきょう》を気にし、死霊《しりょう》・生き霊《いりょう》をおそれて、いわゆる物忌《ものい》みが人びとの心に不安をもたらしていました。法然《ほうねん》は信徒の問いに「仏教に忌《い》みなし」(『百四十五箇条問答《かじょうもんどう》』の第百二十五)とこたえ、むやみにおそれる不安をのぞきました。死後に極楽《ごくらく》にうまれるか地獄《じごく》におちるか、そんなことになやむより、阿弥陀仏《あみだぶつ》を信じて念仏《ねんぶつ》せよということです。

【本願《ほんがん》と四十八願《がん》】仏はそれぞれに人を救いたいと願って修行した。その願いが仏になるもとなので、本願《ほんがん》という。阿弥陀仏《あみだぶつ》は四十八の本願《ほんがん》(四十八願《がん》)をたて、それを実現すると修行時代の師《し》の仏に誓《ちか》ったという。そのため、本願《ほんがん》を本誓《ほんぜい》ともいう。

専修念仏《せんじゅねんぶつ》を説く法然《ほうねん》
男も女も教えを求めて法然《ほうねん》のもとにあつまった。（『法然上人絵伝』増上寺蔵より）

◆経典の新しい意味

浄土門《じょうどもん》の仏法には、仏はその慈悲《じひ》ゆえに衆生《しゅじょう》（人びと）をあわれみ、すてておかないはずだという確信があります。

それは経典にも説かれていることです。たとえば観無量寿経《かんむりょうじゅきょう》に「光明遍照《こうみょうへんじょう》十方世界《じっぽうせかい》　念仏衆生《ねんぶつしゅじょう》　摂取不捨《せっしゅふしゃ》（阿弥陀仏《あみだぶつ》の光はあらゆる世界をてらして念仏《ねんぶつ》する人びとを救いとり、すてることはない）」とあります。古い経典にある言葉ですが、末法《まっぽう》の今の人びとを明るくてらす救いの光としてとらえなおされました。

無量寿経《むりょうじゅきょう》に説かれている阿弥陀仏《あみだぶつ》の四十八の本願《ほんがん》も、末法《まっぽう》のおとった人こそ救うためにたてられた誓願《せいがん》である。愚痴《ぐち》・十悪《じゅうあく》の凡夫《ぼんぶ》こそ阿弥陀仏《あみだぶつ》に救われるというように、経典の言葉に新しい意味が発見されました。そこに鎌倉《かまくら》時代の新しい仏教が誕生《たんじょう》したのです。

京都東山《ひがしやま》・吉水《よしみず》の法然《ほうねん》のもとには、浄土門《じょうどもん》を求めて多くの人があつまりました。法然《ほうねん》の弟子《でし》・信徒には、のちに関白《かんぱく》になる九条兼実《くじょうかねざね》のような身分の高い公卿《くぎょう》もいれば、庶民《しょみん》の男女も、各宗《かくしゅう》の僧《そう》も、さまざまな人がいました。

法然《ほうねん》の専修念仏《せんじゅねんぶつ》が一人の天才的な人物の思想や信仰《しんこう》というだけなら、多くの弟《で》子《し》・信徒があつまることはないでしょう。そもそもとびぬけた天才の言葉は、同時代の多くの人には意味不明で、理解できないものです。阿弥陀仏《あみだぶつ》の本願《ほんがん》は末法《まっぽう》の凡夫《ぼんぶ》こそ救うという考えかたは、じつは平安《へいあん》時代の末期に広まっていました。それをしめす例が、第一章「末法到来《まっぽうとうらい》」でとりあげた『宝物集《ほうぶつしゅう》』に「末法《まっぽう》万年においては弥陀《みだ》の一教《いちきょう》をたのむべし」と記《しる》されていることです。法然《ほうねん》の専修念《せんじゅねん》仏《ぶつ》は当時の人びとにうけいれやすい教えであり、急速に広まりました。

阿弥陀仏《あみだぶつ》の来迎《らいごう》 法然《ほうねん》は阿弥陀仏《あみだぶつ》にむかえられて極楽浄土《ごくらくじょうど》に往生《おうじょう》したという。
（『法然上人絵伝』増上寺蔵より）

◆建永《けんえい》の法難《ほうなん》

専修念仏《せんじゅねんぶつ》の広まりは、平安《へいあん》時代の秩序《ちつじょ》を破壊《はかい》する面もありました。平安時代には南都北嶺《なんとほくれい》（奈良の興福寺《こうふくじ》と京都の北の比叡山《ひえいざん》）を中心とする寺社と朝廷《ちょうてい》・藤原《ふじわら》氏を頂点《ちょうてん》とする公家《くげ》がむすびついて社会の秩序《ちつじょ》をつくっていました。そこに新しく広まってきた専修念仏《せんじゅねんぶつ》は危険《きけん》なものと思われました。

また、法然《ほうねん》の弟子《でし》・信徒のなかには、念仏《ねんぶつ》をとなえさえすればいいといって、寺院の権威《けんい》を否定《ひてい》し、仏像をそまつにしたり、罪《つみ》を罪《つみ》とも思わず、あえて悪いことをする人がいたようです。

それに、法然《ほうねん》のもとには遁世《とんせい》といって、権威《けんい》のある寺社からでて民間に生きる聖《ひじり》とよばれる僧《そう》たちも多くいました。それも秩序《ちつじょ》をみだすことです。

法然《ほうねん》が七十歳《さい》をすぎたころ、南都北嶺《なんとほくれい》からの弾圧《だんあつ》が強まりました。元久《げんきゅう》元年（一二〇四）には弟子《でし》たちに行動をいましめる『制誡七箇条《せいかいしちかじょう》』をつくって比叡山《ひえいざん》の座主《ざす》に提出しました。しかし翌年《よくとし》、興福寺《こうふくじ》から後鳥羽上皇《ごとばじょうこう》に念仏禁断《ねんぶつきんだん》をうったえる奏状《そうじょう》がだされました。そのいちばんの理由は「新宗《しんしゅう》を立てる」ということです。平安《へいあん》時代には興福寺《こうふくじ》の法相宗《ほっそうしゅう》、比叡山《ひえいざん》の天台宗《てんだいしゅう》などの八宗《はちしゅう》〈第二巻《かん》参照〉で寺院を運営するしくみができていたのに、法然《ほうねん》は朝廷《ちょうてい》の許可も得ずに新しい宗派《しゅうは》をつくったことが罪《つみ》とされたのでした。建永《けんえい》二年（一二〇七）二月には弟子《でし》二名、住蓮《じゅうれん》と遵西《じゅんさい》が死罪《しざい》とされ、法然《ほうねん》は四国に流されました。この事件を「建永《けんえい》の法難《ほうなん》」、また、同年の改元から「承元《じょうげん》の法難《ほうなん》」といいます。

法難《ほうなん》とは信仰《しんこう》のために弾圧《だんあつ》をうけることです。この法難《ほうなん》では法然《ほうねん》の弟子《でし》だった親鸞《しんらん》も越後《えちご》（新潟県）に流され、のちに浄土真宗《じょうどしんしゅう》をひらきます。

知恩院《ちおんいん》　法然《ほうねん》が専修念仏《せんじゅねんぶつ》を説き、寂《じゃく》した地にたつのが現在の浄土宗総本山知恩院《じょうどしゅうそうほんざんちおんいん》。写真は法然《ほうねん》をまつる御影堂《みえいどう》。（京都市東山区、写真提供・総本山知恩院）

◆法然《ほうねん》の遺言《ゆいごん》

法然《ほうねん》の流罪《るざい》はその年十二月にゆるされましたが、京都にもどることは禁じられたので、摂津《せっつ》の勝尾寺《かつおうじ》（大阪府箕面《みのお》市）にとどまり、建暦《けんりゃく》元年（一二一一）十一月に京都にもどりました。しかし、高齢《こうれい》のため、翌年《よくとし》正月から病床《びょうしょう》につき、一月二十五日に寂《じゃく》しました。八十歳《さい》でした。

その二日前の二十三日、一枚《まい》の紙に念仏《ねんぶつ》の心得を書いて弟子《でし》にあたえました。『一枚起請文《いちまいきしょうもん》』といいます。そこには「たとえ学問をしていても一文不知《いちもんふち》の愚鈍《ぐどん》の身になり　ただ一向《いっこう》に念仏《ねんぶつ》しなさい」と記《しる》されています。

専修念仏《せんじゅねんぶつ》への弾圧《だんあつ》は法然《ほうねん》の寂後《じゃくご》もしばらくつづきましたが、その教えは弟子《でし》たちによって伝えられました。新仏教の開祖《かいそ》たちは鎌倉《かまくら》時代にはあまり世間に知られていなかったのですが、法然《ほうねん》の名は広く知られるようになり、『平家物語《へいけものがたり》』にも登場します。また、鎌倉《かまくら》時代後期の随筆集《ずいひつしゅう》『徒然草《つれづれぐさ》』の著者《ちょしゃ》・吉田兼好《よしだけんこう》は法然《ほうねん》のことをこんなふうに書いています。

ある人が法然上人《ほうねんしょうにん》に「念仏《ねんぶつ》のとき、眠気《ねむけ》におそわれて、行《ぎょう》をなまけてしまうことがあります。どうすればよいでしょうか」とたずねると、上人《しょうにん》は「目がさめているあいだに念仏《ねんぶつ》すればよい」とこたえられたという。たいそう尊《とうと》いことだ。また、「往生《おうじょう》は決まっていると思えば決まっている。決まってないと思えば決まっていない」といわれた。これも尊《とうと》い。また、「疑《うたが》いながらも念仏《ねんぶつ》すれば往生《おうじょう》する」ともいわれた。これもまた尊《とうと》い。（第三十九段《だん》）

法然《ほうねん》は、僧《そう》には禁じられていた結婚《けっこん》や世俗《せぞく》の仕事も、念仏《ねんぶつ》のさまたげにさえならないならしてよいといっています。

親鸞《しんらん》（1173 ～ 1262 年）　浄土真宗《じょうどしんしゅう》の開祖《かいそ》。

親鸞《しんらん》と浄土真宗《じょうどしんしゅう》

◆明日《あす》ありと思う心の仇桜《あだざくら》

親鸞《しんらん》は身分があまり高くない貴族《きぞく》の子です。治承《じしょう》五年（一一八一）の春、比叡《ひえい》山《ざん》の京都側のふもとの青蓮院《しょうれんいん》で慈円《じえん》（のちの天台座主《てんだいざす》）を師《し》として出家しました。

そのとき親鸞《しんらん》は、わずか九歳《さい》でした。そんな年齢《ねんれい》でなぜ出家するのかと思った慈円《じえん》に、親鸞《しんらん》は青蓮院《しょうれんいん》の庭にさく桜《さくら》をみながら「明日《あす》ありと思う心の仇桜《あだざくら》　夜《よ》半《わ》に嵐《あらし》の吹《ふ》かぬものかは」という和歌を詠《よ》んだと伝えられています。

桜《さくら》の花が明日《あす》もさいているかどうかはわかりません。夜に嵐《あらし》がふけば散って

親鸞《しんらん》の生涯《しょうがい》

◉1173年（1歳《さい》）　＊年齢《ねんれい》は数え年

都の郊外《こうがい》、日野《ひの》の里（京都市伏見《ふしみ》区）にうまれる。父は貴族《きぞく》だが下級の日野有範《ひのありのり》。名は松若丸《まつわかまる》と伝えられている。

◉1181年（9歳《さい》）

天台宗《てんだいしゅう》の青蓮院《しょうれんいん》(京都市東山《ひがしやま》区)で出家《しゅっけ》し、比叡山《ひえいざん》にのぼる。

◉1201年（29歳《さい》）

聖徳太子《しょうとくたいし》がたてて観音菩薩《かんのんぼさつ》をまつったという六角堂《ろっかくどう》（京都市中京《なかぎょう》区・頂法寺《ちょうぼうじ》）にこもり、夢に聖徳太子《しょうとくたいし》が観音菩薩《かんのんぼさつ》のすがたであらわれた。そのお告《つ》げによって京都東山《ひがしやま》の吉水《よしみず》で専修念仏《せんじゅねんぶつ》を説いていた法然《ほうねん》の弟子《でし》になる。僧名《そうめい》は綽空《しゃくくう》（のちに親鸞《しんらん》）という。

◉1204年（32歳《さい》）

法然《ほうねん》が弟子《でし》たちの言動をいましめて比叡山《ひえいざん》に提出した「制誡七箇条《せいかいしちかじょう》」に名をつらねる。

◉1207年（35歳《さい》）

建永《けんえい》（承元《じょうげん》）の法難《ほうなん》により、法然《ほうねん》は四国に、親鸞《しんらん》は藤井善信《ふじいよしざね》という俗人《ぞくじん》の名で越後《えちご》（新潟県）に流される。

◉1211年（39歳《さい》）

流罪《るざい》がゆるされたが越後《えちご》にとどまる。

◉1214年（42歳《さい》）

信濃《しなの》の善光寺《ぜんこうじ》（長野市）をへて常陸国《ひたちのくに》（茨城県）にむかう。

◉1224年（52歳《さい》）

笠間《かさま》の稲田郷《いなだごう》の草庵《そうあん》（茨城県笠間《かさま》市・稲田《いなだ》禅房西念寺《ぜんぼうさいねんじ》）で主著《しゅちょ》『教行信証《きょうぎょうしんしょう》』をまとめたという。このときが立教開宗《りっきょうかいしゅう》とされる。

◉1235年（63歳《さい》）ころ

京都にもどる。以後、実弟の尋有《じんう》の庵《いおり》などにくらし、多くの著述《ちょじゅつ》をおこなう。

◉1256年（84歳《さい》）

子の善鸞《ぜんらん》との縁《えん》を絶《た》つ。

◉1262年（90歳《さい》）

11月28日、娘《むすめ》の覚信尼《かくしんに》にみとられて寂《じゃく》。

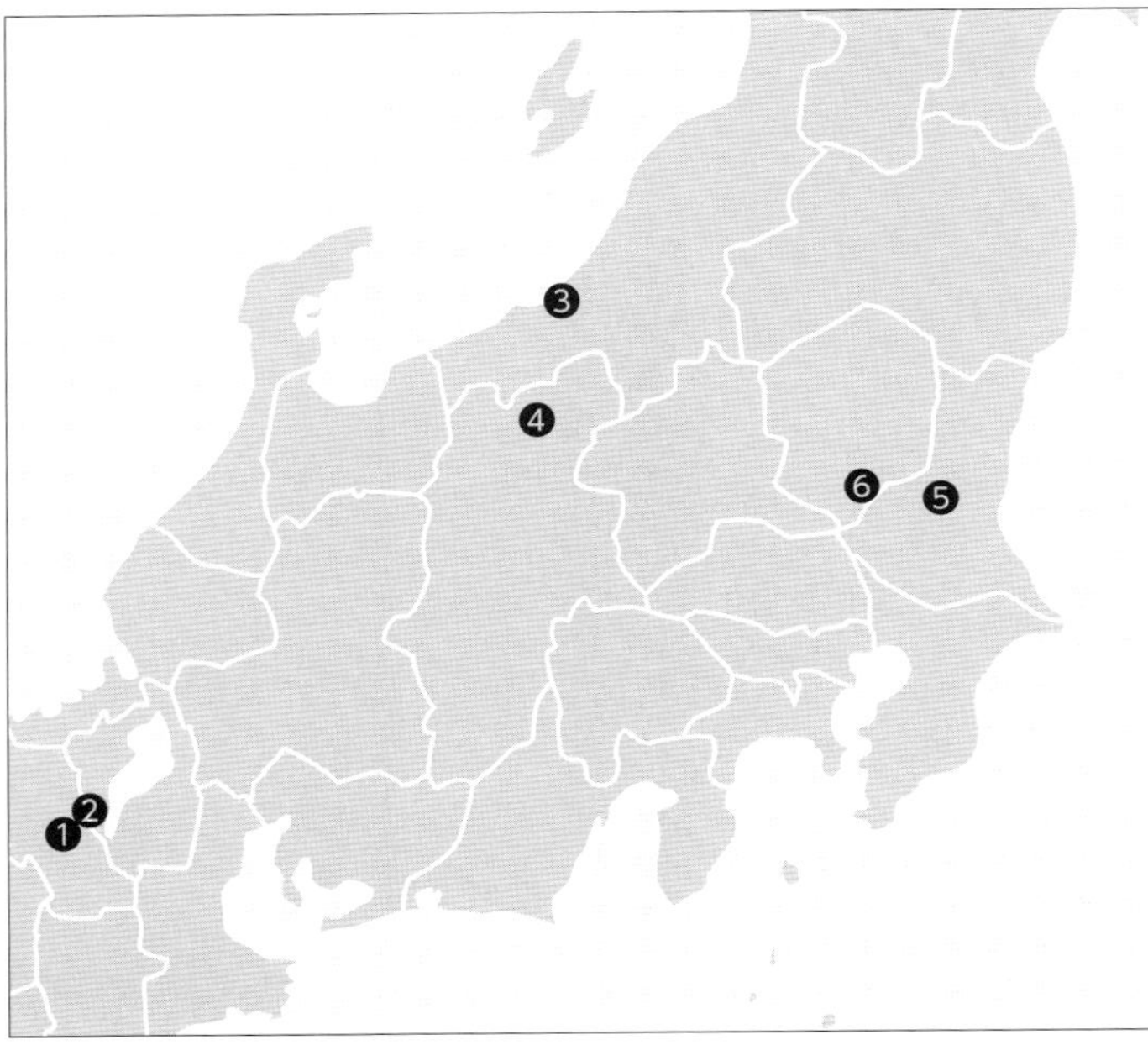

親鸞《しんらん》のゆかりの地

❶生誕と入寂《にゅうじゃく》の地（京都市）
❷比叡山《ひえいざん》。修行の地。（滋賀県と京都府の境）
❸高田《たかだ》・直江津《なおえつ》。流罪《るざい》の地。（新潟県上越市《じょうえつし》）
❹善光寺《ぜんこうじ》。関東にくだるときに滞在《たいざい》。（長野県長野市）
❺西念寺《さいねんじ》。『教行信証《きょうぎょうしんしょう》』をまとめたという開宗《かいしゅう》の地。（茨城県笠間市《かさまし》）
❻高田専修寺《たかだせんじゅじ》。関東の門徒がひらいた寺。（栃木県真岡市《もおかし》）

＊白線は現在の都道府県境

しまいます。人の命も同じで、明日も生きているとはかぎりません。だから、一日でも早く出家し、仏道をきわめたいというのです。今のことわざで、いつまでも幸運がつづくと思ってはいけないといった意味でもつかわれる歌です。

◆法然《ほうねん》の弟子《でし》に

それから親鸞《しんらん》は比叡山《ひえいざん》の常行堂《じょうぎょうどう》の堂僧《どうそう》になりました。堂僧《どうそう》とはお堂でのおつとめにたずさわる僧《そう》です。常行堂《じょうぎょうどう》では阿弥陀仏《あみだぶつ》の像のそばで念仏《ねんぶつ》やお経をとなえつづける行《ぎょう》がおこなわれました。

親鸞《しんらん》はまた、比叡山《ひえいざん》の無動寺谷《むどうじだに》にある大乗院《だいじょういん》で修行したとされます。二十九歳《さい》のとき、親鸞《しんらん》は、六角堂《ろっかくどう》（京都市中京区頂法寺《なかぎょうくちょうほうじ》）に百日の参籠《さんろう》（おこもり）をしました。六角堂《ろっかくどう》は、聖徳太子《しょうとくたいし》がたてて観音菩薩《かんのんぼさつ》をまつったといいます。

そのことは親鸞《しんらん》の妻・恵信尼《えしんに》が昔を回想した手紙（『恵信尼消息《えしんにしょうそく》』）に次のように記《しる》しています。

比叡山《ひえいざん》をおりて六角堂《ろっかくどう》に百日のおこもりになり、後世《ごぜ》（来世）のことを祈《いの》られたとき、九十五日目の明け方に聖徳太子《しょうとくたいし》の言葉をさずけられたので、その朝、後世《ごぜ》のたすかる仏縁《ぶつえん》にあわせていただこうと法然上人《ほうねんしょうにん》をたずねられました。（中略）殿《との》（親鸞《しんらん》）は「法然上人《ほうねんしょうにん》のおいでになるところへは、（中略）たとえ悪道《あくどう》（地獄《じごく》や餓鬼《がき》の世界）でもお供《とも》しよう。もともと自分はずっと迷いの世界をさまよってきた身であるから」と、人があれこれ（念仏《ねんぶつ》してたすかるのかなど）というとき、よくおっしゃいました。

こうして親鸞《しんらん》は二十九歳《さい》のとき、専修念仏《せんじゅねんぶつ》の法然《ほうねん》の弟子《でし》になりました。

小島草庵跡《こじまそうあんあと》　親鸞《しんらん》が関東で最初にくらしたところだという。
(茨城県下妻市)

◆越後《えちご》から関東へ

建永《けんえい》二年（一二〇七）三十五歳《さい》のとき、建永《けんえい》の法難《ほうなん》がおこり、師《し》の法然《ほうねん》は四国に、親鸞《しんらん》は越後《えちご》の国府《こくふ》（新潟県上越市《じょうえつ》）に流されました。このとき僧《そう》の身分もうばわれ、藤井善信《ふじいよしざね》という名の俗人《ぞくじん》とされましたが、それを機会に「愚禿釈親鸞《ぐとくしゃくしんらん》」と名のりました。非僧非俗《ひそうひぞく》、すなわち僧《そう》でも俗人《ぞくじん》でもなく、ただ頭をそっているだけの者ですが、釈迦《しゃか》の直弟子《じきでし》だという意味です。

このことを親鸞《しんらん》は「無戒名字《むかいみょうじ》の比丘《びく》なれど末法濁世《まつぼうじょくせ》の世となりて　舎利弗目連《しゃりほつもくれん》に等しくて　供養恭敬《くようくぎょう》をすすめしむ」（『正像末和讃《しょうぞうまつわさん》』）という歌にしています。「無戒名字《むかいみょうじ》の比丘《びく》」は先にお話しした『末法燈明記《まつぼうとうみょうき》』（↓9ページ）にある言葉です。まともではない名前だけの僧《そう》でも、末法《まつぼう》の悪にそまった世には経典に釈尊《しゃくそん》の高弟として登場する舎利弗《しゃりほつ》や目連《もくれん》と等しいということです。

越後《えちご》での親鸞《しんらん》は恵信尼《えしんに》と結婚《けっこん》し、善鸞《ぜんらん》ら数人の子がいます。建暦《けんりゃく》元年（一二一一）十一月、流罪《るざい》がゆるされ、師《し》の法然《ほうねん》は京都にもどりましたが、親鸞《しんらん》は越後《えちご》にとどまりました。おりから冬になり、おさない子をつれての旅はむりだったのでしょう。翌年《よくとし》正月には法然《ほうねん》が寂《じゃく》して、親鸞《しんらん》は越後《えちご》にとりのこされました。

健保《けんぽう》二年（一二一四）四十二歳《さい》のとき、親鸞《しんらん》は関東にうつりました。その途上《とじょう》、上野国佐貫《こうずけのくにさぬき》（群馬県明和町《めいわまち》）で飢饉《ききん》の災《わざわ》いをのぞくことを祈願《きがん》して経典の読誦《どくじゅ》をはじめましたが、それは自力にたよることだと思って中止し、「絶対他力《ぜったいたりき》（自己《じこ》のはたらきをすてて阿弥陀仏《あみだぶつ》の本願《ほんがん》の力を信じること）」とよばれる信仰《しんこう》を深めたといわれています。

その後、関東の親鸞《しんらん》は多くの信徒を得ました。おもだった弟子《でし》・信徒二十四人を二十四輩《はい》といいます。下野高田《しもつけたかだ》（栃木県真岡市《もおか》）の真仏《しんぶつ》、下総横曾根《しもうさよこそね》（茨城県常総市《じょうそう》）の性信《しょうしん》らです。二十四輩《はい》がいたところは今の茨城県・栃木県の広い範《はん》

稲田禅房西念寺《いなだぜんぼうさいねんじ》（稲田御坊《いなだごぼう》） 親鸞《しんらん》が主著《しゅちょ》『教行信証《きょうぎょうしんしょう》』をあらわして浄土真宗《じょうどしんしゅう》をひらいたところだという。（茨城県笠間市）

囲《い》にちらばっています。それぞれ土地の豪族《ごうぞく》だったようです。かれらを中心に「門徒《もんと》」とよばれる信徒集団がうまれました。

親鸞《しんらん》が関東でくらしたという草庵跡《そうあんあと》も点々と散在しています。そのなかで拠点《きょてん》になったのが常陸稲田《ひたちいなだ》の草庵《そうあん》（茨城県笠間《かさま》市・西念寺《さいねんじ》）でした。元仁《げんにん》元年（一二二四）五十二歳《さい》のとき、親鸞《しんらん》は稲田草庵《いなだそうあん》で主著《しゅちょ》『教行信証《きょうぎょうしんしょう》』の草稿《そうこう》を書きはじめたとされ、この年に浄土真宗《じょうどしんしゅう》がひらかれたとされています。また、この年、のちに本願寺《ほんがんじ》のもとをつくる娘《むすめ》の覚信尼《かくしんに》がうまれました。

◆教行信証《きょうぎょうしんしょう》

『教行信証《きょうぎょうしんしょう》』は真実の「教え」「行《ぎょう》」「信心」「証《しょう》（救い）」について経典・論書の文をあつめて浄土《じょうど》をあきらかにするという書物で、くわしくは『顕浄土真《けんじょうどしん》実教行証文類《じつきょうぎょうしょうもんるい》』といいます。六巻《かん》の書物で、力強い漢文で記《しる》されています。「序」の冒頭《ぼうとう》の一文を読み下しで紹介《しょうかい》します。

竊《ひそ》かに以《おも》みれば、難思《なんし》の弘誓《ぐぜい》は難度海《なんどかい》を度《ど》する大船《たいせん》、無碍《むげ》の光明《こうみょう》は無明《むみょう》の闇《やみ》を破《は》する恵日《えにち》なり。

＊静かに考えると、阿弥陀仏《あみだぶつ》の本願《ほんがん》は人には知ることのできないもので、渡《わた》るのがむずかしい苦しみの海をこえる大きな船です。さえぎるもののない光明《こうみょう》は、迷いの闇《やみ》をやぶる智慧《ちえ》の光です。

浄土真宗《じょうどしんしゅう》で「帰命無量寿如来《きみょうむりょうじゅにょらい》　南無不可思議光《なむふかしぎこう》」ととなえるお経になっている「正信念仏偈《しょうしんねんぶつげ》（正信偈《しょうしんげ》）」も『教行信証《きょうぎょうしんしょう》』の一部です。

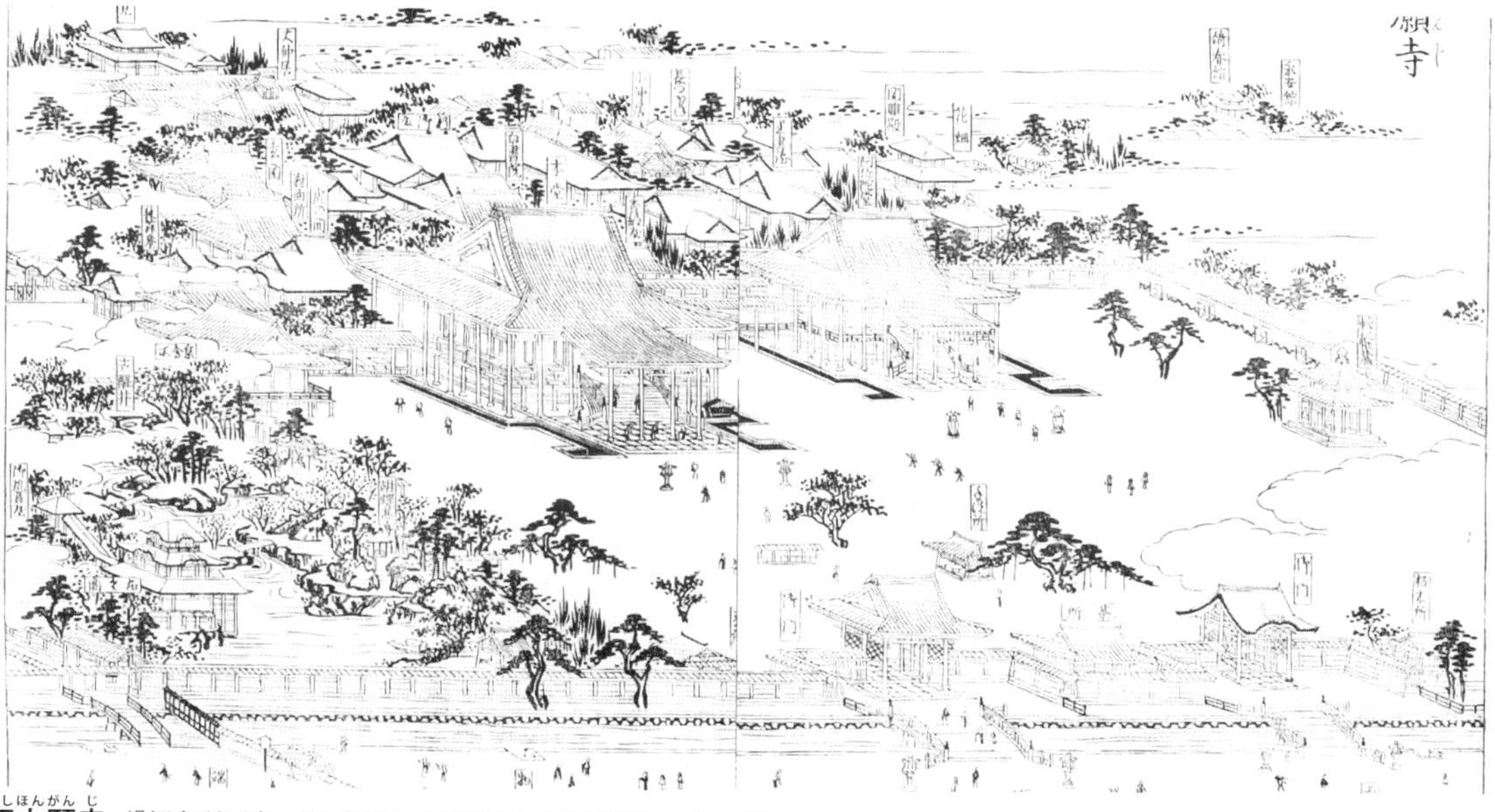

西本願寺《にしほんがんじ》（『都名所図会』江戸時代・国際日本文化研究センター蔵）

◆入寂《にゅうじゃく》と本願寺《ほんがんじ》のはじまり

関東で二十年をすごして六十歳《さい》をすぎたころ、親鸞《しんらん》は京都にもどりました。その後、親鸞《しんらん》は関東の弟子《でし》・門徒に手紙で教えを説くほか、『教行信証《きょうぎょうしんしょう》』のしあげ、和讃《わさん》（仏をたたえる七五調の歌）を多くつくるなど、著述《ちょじゅつ》にいそしみました。

その信仰《しんこう》は「自然法爾《じねんほうに》」という言葉で知られています。法爾《ほうに》は「法のままに」ということですが、その法とは阿弥陀仏《あみだぶつ》に身をまかせることです。

親鸞《しんらん》は八十八歳《さい》のときに「南無阿弥陀仏《なむあみだぶつ》とおたのみすれば、浄土《じょうど》に迎《むか》えられるのですから、行者《ぎょうじゃ》（念仏《ねんぶつ》する人）は自分の考えで良いとも悪いとも思わないことを自然《じねん》といいます」（『正像末和讃《しょうぞうまつわさん》』）と書いています。

こうした信心から江戸《えど》時代には「なんでも仏さまのおかげ」と、のんきに生きる妙好人《みょうこうにん》とよばれる人びとがあらわれ、今も信徒の理想とされています。

親鸞《しんらん》は、すべてを阿弥陀仏《あみだぶつ》にゆだねる絶対他力《ぜったいたりき》の信心で念仏《ねんぶつ》の生活をおくり、弘長《こうちょう》二年（一二六二）九十歳《さい》の高齢《こうれい》で寂《じゃく》しました。火葬《かそう》ののち、遺骨《いこつ》をおさめる廟堂《びょうどう》を娘《むすめ》の覚信尼《かくしんに》がたて、親鸞《しんらん》の子孫がうけついでいくことになりました。これが現在の西本願寺《にしほんがんじ》（本願寺派総本山《ほんがんじはそうほんざん》）と東本願寺《ひがしほんがんじ》（大谷派総本山《おおたにはそうほんざん》）のもとです。

また、関東の弟子《でし》たちから真宗高田派《しんしゅうたかだは》・仏光寺派《ぶっこうじは》など、あわせて真宗十派《しんしゅうじっぱ》と総称《そうしょう》される宗派《しゅうは》がうまれました。

◆『歎異抄《たんいしょう》』の親鸞《しんらん》

親鸞の寂後《じゃくご》、弟子《でし》の唯円《ゆいえん》が師《し》の言葉を記《しる》したというのが『歎異抄《たんいしょう》』です。そこに「阿弥陀仏《あみだぶつ》の本願《ほんがん》をよくよく考えれば、ひとえに親鸞一人《しんらんいちにん》のためである」という意味の言葉があります。その意味は自分だけが救われるというのではなく、一人ひとりに阿弥陀仏《あみだぶつ》の救いの手がさしのべられているということです。

高田専修寺《たかだせんじゅじ》　親鸞《しんらん》の弟子《でし》の真仏《しんぶつ》がひらいた寺。三重県津《つ》市に移転し、真宗高田派本山《しんしゅうたかだはほんざん》になるが、その専修寺《せんじゅじ》とは区別して「本寺《ほんじ》」とよばれる。（栃木県真岡市）

また、「善人《ぜんにん》でも浄土《じょうど》に往生《おうじょう》できるのだから悪人が往生《おうじょう》できないことがあろうか」という意味の言葉があります。ふつうは善人《ぜんにん》のほうが往生《おうじょう》できると思われるけれど、それは本願他力《ほんがんたりき》の本意ではない。阿弥陀仏《あみだぶつ》は「自力作善《じりきさぜん》の人」ではなく「煩悩具足《ぼんのうぐそく》（煩悩《ぼんのう》だらけ）の悪人である自分たち」をあわれんで本願《ほんがん》をたてられたので、悪人正機《あくにんしょうき》（悪人こそ救いにふさわしい）ということです。

この言葉は、深く自分自身をみつめる教えになりました。

一遍《いっぺん》と時宗《じしゅう》

◆二河白道《にがびゃくどう》

一遍《いっぺん》は伊予《いよ》（愛媛県）の豪族《ごうぞく》・河野通広《こうのみちひろ》の子です。十歳《さい》で出家《しゅっけ》し、浄土宗《じょうどしゅう》の聖達《しょうだつ》（法然《ほうねん》の孫弟子《まごでし》）の弟子《でし》になりましたが、二十五歳《さい》のときに家をつぐために還俗《げんぞく》（僧《そう》から俗人《ぞくじん》にもどること）して伊予《いよ》にもどり、妻をめとりました。しかし、三十三歳《さい》でふたたび出家《しゅっけ》。信濃善光寺《しなのぜんこうじ》に参籠《さんろう》して「二河白道図《にがびゃくどうず》」をうつし、伊《い》予《よ》の窪寺《くぼでら》にこもって専修念仏《せんじゅねんぶつ》の行《ぎょう》にはいりました。

二河白道《にがびゃくどう》とは、燃えあがる火の河《かわ》、あれくるう水の河《かわ》のあいだを一本の白い道があるというたとえばなしです。

修行者が西方の極楽浄土《ごくらくじょうど》をめざして旅をしていると、火の河《かわ》、水の河《かわ》に行く手をさえぎられました。うしろから猛獣《もうじゅう》や強盗《ごうとう》がおってきますが、河《かわ》をわたる白い道はせまく、こわくてすすめません。そのとき、こちらの岸（此岸《しがん》・この世）では釈迦如来《しゃかにょらい》がこわがらずに行きなさいとはげまし、向こう岸（彼岸《ひがん》・浄土《じょうど》）では阿弥陀仏《あみだぶつ》が早く来なさいとまねいています。

一遍《いっぺん》（1239 〜 1289 年）
時宗《じしゅう》の開祖《かいそ》。

窪寺跡《くぼでらあと》　信濃《しなの》の善光寺《ぜんこうじ》からもどった一遍《いっぺん》が「二河白道《にがびゃくどう》」の図をかけて念仏《ねんぶつ》した草庵《そうあん》の跡《あと》だという。（愛媛県松山市）

一遍《いっぺん》は二河白道《にがびゃくどう》の図を庵《いおり》の壁《かべ》にかけて念仏《ねんぶつ》の生活をおくりました。そのとき、阿弥陀仏《あみだぶつ》の四十八願《がん》に「たとえ十回の念仏《ねんぶつ》でも」と説かれていることをつきつめて一回でも救われると確信します。そして三十六歳《さい》のときに四天王寺《してんのうじ》にまいり、念仏札《ねんぶつふだ》を人びとにくばる旅を開始しました。札《ふだ》をくばることを賦算《ふさん》といいます。

◆時宗《じしゅう》の誕生《たんじょう》

賦算《ふさん》の旅の当初、それで人びとが救われるという確信は、まだなかったのかもしれません。まもなく熊野《くまの》の本宮《ほんぐう》に参籠《さんろう》したとき、「人は信・不信にかかわりなく往生《おうじょう》が決定《けつじょう》しているのだから賦算《ふさん》せよ」という熊野《くまの》権現《ごんげん》の夢告《むこく》をうけました。阿弥陀仏《あみだぶつ》があらゆる人を救って極楽《ごくらく》にむかえると誓《ちか》って遠い過去に仏になったのですから、もうだれもが救われているはずなのですが、それに気づかないので

一遍《いっぺん》の生涯《しょうがい》

◉**1239年（1歳《さい》）**
伊予《いよ》（愛媛県）にうまれる。父は豪族《ごうぞく》の河《こう》野通広《のみちひろ》。幼名《ようめい》は松寿丸《しょうじゅまる》。

◉**1248年（10歳《さい》）**
母と死別し出家《しゅっけ》。僧名《そうめい》を随縁《ずいえん》という。

◉**1251年（13歳《さい》）**
九州大宰府《だざいふ》の聖達《しょうだつ》の弟子《でし》になる。名を智真《ちしん》とあらためる。

◉**1263年（25歳《さい》）**
父が死に、還俗《げんぞく》して家をつぐ。一族に争いがあり、数年後ふたたび出家《しゅっけ》。

◉**1271年（33歳《さい》）**
信濃《しなの》の善光寺《ぜんこうじ》（長野市）にこもったあと、伊予《いよ》の窪寺《くぼでら》などで修行。

◉**1274年（36歳《さい》）**
四天王寺《してんのうじ》（大阪市）をへて高野山《こうやさん》（和歌山県）、熊野《くまの》にまいり、諸国《しょこく》を遊行《ゆぎょう》しながら念仏札《ねんぶつふだ》をくばる旅をはじめる。時宗開宗《じしゅうかいしゅう》。

◉**1279年（41歳《さい》）**
信濃《しなの》で踊念仏《おどりねんぶつ》をはじめる。

◉**1289年（51歳《さい》）**
摂津《せっつ》の観音堂《かんのんどう》（兵庫県神戸《こうべ》市・真光寺《しんこうじ》）で寂《じゃく》。

踊念仏《おどりねんぶつ》の絵　一遍《いっぺん》は念仏《ねんぶつ》をとなえながら、みなでおどった。（『一遍聖絵』模写・国立国会図書館蔵）

す。一遍《いっぺん》はさらに熊野速玉新宮《くまのはやたましんぐう》で「六字名号《ろくじみょうごう》（南無阿弥陀仏《なむあみだぶつ》）は一遍《いっぺん》の念仏《ねんぶつ》でも往生《おうじょう》する法だ」という意味のお告《つ》げをうけました。それから一遍《いっぺん》と名のったといわれます。

その賦算《ふさん》の札に一遍《いっぺん》は「南無阿弥陀仏《なむあみだぶつ》　決定往生《けつじょうおうじょう》六十万人」と書きました。それをうけとることで人びとは阿弥陀仏《あみだぶつ》と縁《えん》がむすばれます。結縁《けちえん》のお札です。

一遍《いっぺん》の旅は東北地方から四国・九州までほぼ全国におよびました。のちに時《じ》宗《しゅう》の伝統になる回国《かいこく》の遊行《ゆぎょう》です。

その旅で弟子《でし》たちにしめした「誓願偈文《せいがんげぶん》」には「一向《いっこう》に念仏《ねんぶつ》して善悪を説かず善悪を行《ぎょう》ぜず」とあります。作善《ぜん》して功徳《くどく》をつもうとか、いたずらに自分を悪人だと思ったりせずに念仏《ねんぶつ》せよというのです。

また、平安《へいあん》時代の空也《くうや》にならって踊念仏《おどりねんぶつ》をはじめました。一遍《いっぺん》の生涯《しょうがい》をえがく『一遍聖絵《いっぺんひじりえ》』に「とも跳《は》ねよ　かくても踊《おど》れ心駒《こころごま》　弥陀《みだ》の御法《みのり》と聞くぞ嬉《うれ》しき」という歌があります。

一遍《いっぺん》は五十一歳《さい》のとき、兵庫和田岬《わだみさき》（神戸《こうべ》市）で病《やまい》にたおれ、その地の観音《かんのん》堂《どう》で寂《じゃく》しました。その死の前に一遍《いっぺん》は「本来は無一物《むいちもつ》だ」という詩をよみ、もっていた経典や書物をすべて燃やしてしまいました。

しかし、弟子《でし》たちには一遍《いっぺん》の行跡《ぎょうせき》や言葉が伝えられて、『一遍聖絵《いっぺんひじりえ》』『一遍上人語録《いっぺんしょうにんごろく》』などに記《しる》されています。

なお「時宗《じしゅう》」の「時」は、平生《へいぜい》（ふだん）も臨終《りんじゅう》の「時」と心得て念仏《ねんぶつ》をとなえるという意味だとされます。はじめは「一向衆《いっこうしゅう》」とも「遊行衆《ゆぎょうしゅう》」ともよばれました。弟子《でし》の真教《しんきょう》の代には組織がととのえられ、代々の門主《もんしゅ》（宗派《しゅうは》の長）は今も「遊行上人《ゆぎょうしょうにん》」とよばれます。総本山清浄光寺《そうほんざんしょうじょうこうじ》（遊行寺《ゆぎょうじ》／神奈川県藤沢《ふじさわ》市）は四世遊行上人《ゆぎょうしょうにん》の呑海《どんかい》（一二六五〜一三二七年）がひらいた寺院です。

第九章

禅宗《ぜんしゅう》の伝来

栄西《えいさい》・道元《どうげん》

禅定《ぜんじょう》の釈迦如来《しゃかにょらい》　釈迦如来《しゃかにょらい》が菩提樹《ぼだいじゅ》の下にすわって、さとりをひらいた。坐禅《ざぜん》はそのすがたを伝えている。（東京都中野区・成願寺本尊）

禅《ぜん》のはじまり

◆公案《こうあん》の話

禅《ぜん》という言葉は古代インドの「ディヤーナ」を漢字の音であらわしたものです。意訳《いやく》して「静慮《じょうりょ》（静かな心で考えること）」といいます。

およそ二千五百年前にインドで仏教をひらいた釈迦《しゃか》は菩提樹《ぼだいじゅ》の下で禅定《ぜんじょう》してさとりをひらいたと伝えられ、そのときの釈迦《しゃか》の姿勢《しせい》が今も坐禅《ざぜん》のかたちになっています。その修行《しゅぎょう》の手がかりになるのが公案《こうあん》です。

公案《こうあん》は中国では役所の文書をいい、権威《けんい》のある法令とされます。しかし、禅《ぜん》宗《しゅう》でいう公案《こうあん》は、おもに唐《とう》の時代（七～一〇世紀）の禅僧《ぜんそう》のエピソードが宋代《そうだい》（一〇～一三世紀）に『無門関《むもんかん》』『碧巌録《へきがんろく》』などの公案集《こうあんしゅう》にまとめられたもので、千七百話も伝わっています。そのなかから有名な公案《こうあん》をふたつ紹介《しょうかい》します。

［喫茶去《きっさこ》（お茶をおあがりなさい）］

禅僧《ぜんそう》の趙州従諗《じょうしゅうじゅうしん》（七七八～八九七年）がある僧院《そういん》にいたとき、一人の僧《そう》がたずねてきました。趙州《じょうしゅう》はかれに問いました。

お茶をおあがりなさい

「あなたは前に、ここに来たことがありますか」

「いえ、ありません」

「お茶をおあがりなさい」

　また、一人の僧《そう》がたずねてくると、趙州《じょうしゅう》は問いました。

「あなたは前に、ここに来たことがありますか」

「はい、あります」

「お茶をおあがりなさい」

　前に来たことがあってもなくても趙州《じょうしゅう》が「お茶をおあがりなさい」といったのは、どういうわけでしょうか。院主《いんしゅ》（僧院《そういん》の住職《じゅうしょく》）がそれを質問すると、趙州《じょうしゅう》はいいました。

「院主《いんしゅ》よ」

「はい」

「お茶をおあがりなさい」


（公案集《こうあんしゅう》『趙州録《じょうしゅうろく》』より）


「百丈野鴨子《ひゃくじょうやおうず》（百丈《ひゃくじょう》と野鴨《のがも》）」

　馬祖道一《ばそどういつ》（七〇九～七八八年）と弟子《でし》の百丈懐海《ひゅくじょうえかい》が道を歩いていたとき、野鴨《のがも》が飛びすぎるのをみました。

　馬祖《ばそ》が「あれはなにか」と聞き、百丈《ひゃくじょう》は「野鴨《のがも》です」と答えました。

「どこかにいってしまったのか」

「飛び去っていきました」

　そのとき馬祖《ばそ》は百丈《ひゃくじょう》の鼻をひねりあげ、百丈《ひゃくじょう》が「いたい！」とさけぶと、

「どこにも飛び去っていないじゃないか」と馬祖《ばそ》はいいました。


（『碧巌録《へきがんろく》』より）

鴨《かも》はどこにも飛びさっていない

公案《こうあん》は禅問答《ぜんもんどう》ともいいます。理屈《りくつ》で考えると、わけがわかりません。しかし、思わず笑ってしまったり、へんな気分になったりすることによって、ふつうの考えかたからはなれさせてくれます。

わたしたちは、ふつう、「いい人だと思われたい」「きらわれたくない」など、自分を中心にものごとを考えています。それを仏教では「我《が》」といい、我《が》にとらわれることを我執《がしゅう》といって、なやみ、苦しみの原因とします。公案《こうあん》は、いろいろな我執《がしゅう》をはなれて「無」の心になるきっかけをあたえてくれます。

この「無」とは、なにもかも無意味、無価値《むかち》だと虚無的《きょむてき》になることではありません。のちにお話しする「仏性《ぶっしょう》」に目ざめることなのですが、それを理屈《りくつ》で語ることはできません。そこのところは、昔の僧《そう》たちの言動にしめされているということで、多くの公案《こうあん》が伝えられているのです。

禅《ぜん》は古仏《こぶつ》の道ともいい、昔の僧《そう》たちのさとりの道をたどることです。そのため公案《こうあん》は古則《こそく》（修行者《しゅぎょうしゃ》の手本として伝えられた法則）ともいわれます。

◆師《し》から弟子《でし》へ

そもそも禅《ぜん》は「世尊拈華《せそんねんげ》」といわれるできごとからはじまったと中国の書物にありますが、それも公案《こうあん》のひとつのエピソードです。

それはインドの霊鷲山《りょうじゅせん》という山の僧院《そういん》でのことでした。世尊《せそん》（釈迦《しゃか》）が一輪の花を拈《つま》んで弟子《でし》たちにみせ、笑いました。弟子《でし》たちはとまどってだまっていましたが、ただ一人、摩訶迦葉《まかかしょう》という高弟だけはからからと笑いました。そのとき世尊《せそん》は「不立文字《ふりゅうもんじ》　教外別伝《きょうげべつでん》」の法を摩訶迦葉《まかかしょう》に伝えたというのです。

禅《ぜん》の奥義《おうぎ》は文字（言葉）で書かれた経典とは別に伝えられてきた。それは「直《じき》指人心《しにんしん》　見性成仏《けんしょうじょうぶつ》」、自分の心をまっすぐにみつめて、さとりにいたる仏道だということです。

嵩山少林寺《すうさんしょうりんじ》の西方聖人《さいほうせいじん》堂《どう》　少林寺《しょうりんじ》はインドから中国にきた達磨大師《だるまだいし》（西方聖人《さいほうせいじん》）が9年間もじっとすわって坐禅《ざぜん》をしたところだという。（中国河南省）

禅《ぜん》の奥義《おうぎ》は言葉によらず、釈迦《しゃか》が花をつまんで摩訶迦葉《まかかしょう》が笑ったとき、以心《いしん》伝心《でんしん》（心から心へ）で伝えられました。それが師資相承《ししそうじょう》（師から弟子《でし》へ）の禅《ぜん》のはじまりとされます。そして、釈迦《しゃか》から二十八代目の弟子《でし》・ボーディダルマ（菩《ぼ》提達磨《だいだるま》）という僧《そう》がインドから中国にきて禅《ぜん》を伝えたとされています。それが達《だる》磨大師《まだいし》（五～六世紀）です。

達磨《だるま》は嵩山少林寺《すうさんしょうりんじ》（河南省鄭州市《かなんしょうていしゅうし》）の洞窟《どうくつ》の壁《かべ》にむかって九年も坐禅《ざぜん》しました。雪がつもった冬の日、そこへ慧可《えか》（四八七～五九三年）という僧《そう》がたずねてきて、弟子《でし》になりたいと願いました。それを達磨《だるま》がことわったので慧可《えか》は自分の腕《うで》を切りおとして決意をしめし、ようやく入門をゆるされました。「慧可断臂《えかだんぴ》」という公案《こうあん》として有名なエピソードです。

◆臨済宗《りんざいしゅう》と曹洞宗《そうとうしゅう》

中国での禅《ぜん》は達磨《だるま》を初祖《しょそ》（第一代）とし、慧可《えか》を第二祖として師《し》から弟子《でし》へ伝えられました。第三祖は僧璨《そうさん》、第四祖は道信《どうしん》、第五祖は弘忍《ぐにん》、そうして弟子《でし》がふえるにつれて禅宗《ぜんしゅう》は五家七宗《ごけしちしゅう》と総称《そうしょう》される多くの系統《けいとう》に枝分《えだわ》かれしました。どの系統《けいとう》でも師《し》から弟子《でし》へのつながりを血脈《けちみゃく》とよび、家系図《かけいず》のような図であらわします。それは今の禅宗《ぜんしゅう》の僧《そう》にもつながっています。

そのなかで臨済義玄《りんざいぎげん》（?～八六七年）を祖とするのが臨済宗《りんざいしゅう》、洞山良价《とうざんりょうかい》（八〇七～八六九年）らを祖とするのが曹洞宗《そうとうしゅう》です。

禅宗《ぜんしゅう》では師《し》が、弟子《でし》が嗣法《しほう》（仏法《ぶっぽう》をうけつぐこと）にふさわしいとみとめることを印可《いんか》といい、血脈《けちみゃく》をつがせます。日本に臨済宗《りんざいしゅう》を伝えた栄西《えいさい》（一一四一～一二一五年）は中国で臨済宗《りんざいしゅう》の血脈《けちみゃく》をうけた最初の日本人僧《そう》でした。いっぽう、曹洞宗《そうとうしゅう》の血脈《けちみゃく》を日本にもたらしたのが道元《どうげん》（一二〇〇～一二五三年）です。

五百羅漢《ごひゃくらかん》　個性豊かな表情をみせる僧《そう》たちの像だ。（大分県宇佐市・東光寺）

禅《ぜん》のさとり

◆笑う禅僧《ぜんそう》

仏教をひらいた釈迦《しゃか》は二千五百年ほど昔のインドに生きた一人の人間で、さとりをひらいてブッダになりました。ブッダを漢字で仏陀《ぶっだ》（略して仏）と書きます。もとの意味は「目覚めた人」という意味で、さとりはニルヴァーナ（涅槃《ねはん》／苦しみのもとを消しさること）とかヴィムクティ（解脱《げだつ》／苦しみの世界から脱出《だっしゅつ》すること）といいました。

そのさとりをめざして出家《しゅっけ》し、修行《しゅぎょう》して人びとから聖者《せいじゃ》として敬《うやま》われる僧《そう》をアルハト、漢字では阿羅漢《あらかん》と書き、略《りゃく》して羅漢《らかん》といいます。

ところが、中国の禅宗《ぜんしゅう》でさかんにつくられるようになった釈迦《しゃか》の十大弟子《じゅうだいでし》などの羅漢像《らかんぞう》は、もとは煩悩《ぼんのう》（心の迷い）とされた喜怒哀楽《きどあいらく》の感情を大きく肯定《こうてい》して、怒《おこ》ったり泣いたり笑ったりして、たいへん表情豊かです。からからと大笑いすることをいう「呵々大笑《かかたいしょう》」も禅《ぜん》の言葉です。

そこには「一切衆生《いっさいしゅじょう》　悉有仏性《しつうぶっしょう》（一切の衆生《しゅじょう》に悉《ことごと》く仏性《ぶっしょう》あり）」という確信があります。衆生《しゅじょう》とは人間はもちろん、地獄《じごく》の鬼《おに》や餓鬼道《がきどう》の幽鬼《ゆうき》もふくめた言葉です。どんな人も仏性《ぶっしょう》（仏と等しい性質《せいしつ》・仏心《ぶっしん》）があるのに、日々のくらしのなかではみえなくなっています。それをとりもどすのが公案《こうあん》の問いにとりくんだり、坐禅《ざぜん》したりして心身をととのえる修行《しゅぎょう》です。そして、あらゆるこだわりをすてて「無《む》」になると、心身はすっきりと目ざめて、心の底から笑ったり泣いたりすることができるのだといいます。

このような禅《ぜん》のさとりは中国語で「大悟《たいご》」とよばれる心身の解放です。道元《どうげん》は

【十牛図《じゅうぎゅうず》】

①**尋牛《じんぎゅう》**　見失った牛をさがそうと思いたつ（さとりを求める心をおこす）。

②**見跡《けんせき》**　牛の足跡《そくせき》を見つける（公案《こうあん》などにふれ、さとりの手がかりを見つける）。

③**見牛《けんぎゅう》**　牛を見つける（師《し》に出会う）。

④**得牛《とくぎゅう》**　牛をつかまえる（修行して、さとりと思われるものを得る）。

⑤**牧牛《ぼくぎゅう》**　牛を手なづけて縄《なわ》をとく（さとりをなんとか自分のものにする）。

それを心身脱落《しんじんだつらく》といい、心も身もすっぽりぬけおちる体験だといっています。道元《どうげん》はまた、禅宗《ぜんしゅう》は本来は「仏心宗《ぶっしんしゅう》」というと語っています。仏心《ぶっしん》と仏性《ぶっしょう》は同じことです。

だれの心にも仏性《ぶっしょう》があるということでは、10ページでお話しした本覚《ほんがく》法門《ほうもん》も仏性《ぶっしょう》をみつめるものです。

天台宗《てんだいしゅう》につたわる摩訶止観《まかしかん》という瞑想法《めいそうほう》も、心の仏性《ぶっしょう》をみつめるという点で禅《ぜん》にちかいのです。じつは中国で天台宗《てんだいしゅう》をひらいた智顗《ちぎ》（五三八～五九七年）は中国禅宗《ぜんしゅう》の第二祖・慧可《えか》の弟子《でし》です。その血脈《けちみゃく》とは別に、法華経《ほけきょう》を教えの中心とする天台宗《てんだいしゅう》をひらきましたが、達磨《だるま》の孫弟子《まごでし》にあたります。そうした関係があるので、次にお話しする栄西《えいさい》は、禅宗《ぜんしゅう》と天《てん》台宗《だいしゅう》はことなるものではないと主張しました。

◆観音菩薩《かんのんぼさつ》に祈《いの》る

禅《ぜん》は中国の神仙信仰《しんせんしんこう》の影響《えいきょう》を強くうけたもので、深山《しんざん》の仙人《せんにん》か竹林《ちくりん》の七賢《しちけん》（世俗《せぞく》からはなれて竹林でくらしたという七人の賢者《けんじゃ》）のような境地《きょうち》を求めます。しかし、そこにとどまらず、世俗《せぞく》の人びとのなかで生きることがたいせつにされます。それをあらわすのが禅《ぜん》の修行の段階《だんかい》をえがいた「十牛図《じゅうぎゅうず》」で、中国で禅宗《ぜんしゅう》が隆盛《りゅうせい》した宋《そう》の時代につくられました。

それによると、無心の悟《ご》を得て自由な境地に達しても、世俗《せぞく》からはなれて自分だけ平安であるようなことはゆるされません。町にでて、ふつうの人びとのなかにいなければなりません。そして修行《しゅぎょう》の最終段階《さいしゅうだんかい》の禅僧《ぜんそう》は、ぷっくり太った福の神の布袋和尚《ほていおしょう》のようなすがたでえがかれています。

禅宗《ぜんしゅう》は出家の僧《そう》のきびしい修行《しゅぎょう》の道です。しかし、それだけでなく、鎮護国家《ちんごこっか》の祈禱《きとう》にも積極的にかかわり、鎌倉幕府《かまくらばくふ》・室町幕府《むろまちばくふ》の官営の宗《しゅう》

⑥**騎牛帰家《きぎゅうきか》**　手なづけた牛の背《せ》にのって家に帰る（さとりの境地《きょうち》を得て、もとの俗《ぞく》世間にもどる）。

⑦**忘牛存人《ぼうぎゅうぞんにん》**　牛のことはわすれて家にいる（もはや、さとりは求めるのではなく、人として生きようとする）。

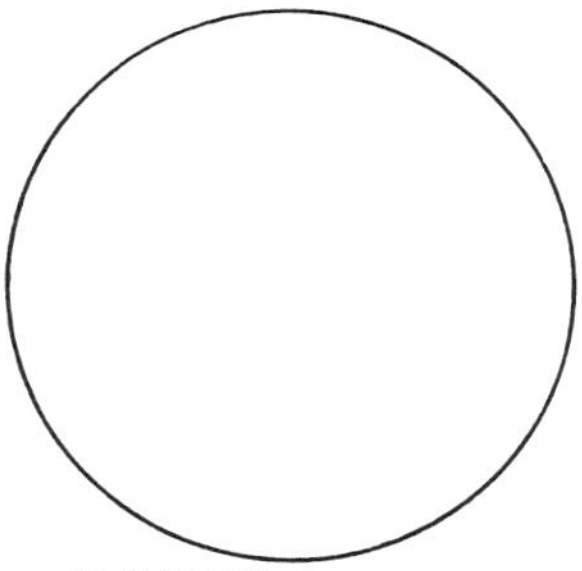

⑧**人牛倶忘《にんぎゅうぐぼう》**　人も牛もともにわすれる（もはや何かを得ようとして生きることはない）。

⑨**返本還源《へんぽんげんげん》**　本来の源《みなもと》に還《かえ》る（さとりとは、もとからあるものに自然にあることに気づく）。

⑩**入鄽垂手《にってんすいしゅ》**　さとりの境地《きょうち》で、ひとりでいるのではなく、町にいき、いろいろな人と出会いながら、生きていく。

にもなりました。また、とくに観音菩薩《かんのんぼさつ》への信仰《しんこう》があついのが特色です。道元《どうげん》が最初にひらいた禅《ぜん》の道場の興聖寺《こうしょうじ》も、もとは観音導利院《かんのんどうりいん》、すなわち「観音菩薩《かんのんぼさつ》の御利益《ごりやく》のある寺」といいました。

観音菩薩《かんのんぼさつ》は変化自在《へんげじざい》の救い主とされ、仏像では俗人《ぞくじん》のすがたであらわされます。日本での観音信仰《かんのんしんこう》は古く飛鳥《あすか》・奈良時代にはじまり、平安《へいあん》時代には清水寺《きよみずでら》・石山寺《いしやまでら》など貴賤男女《きせんだんじょ》をとわず参拝《さんぱい》する観音霊場《かんのんれいじょう》が多くうまれました。それらの観音信仰《かんのんしんこう》にくわえて、中国の観音信仰《かんのんしんこう》が禅宗《ぜんしゅう》とともに新たに伝えられました。

栄西《えいさい》と臨済宗《りんざいしゅう》

◆仏法再興《ぶっぽうさいこう》を願って入宋《にっそう》

栄西《えいさい》は吉備津神社《きびつじんじゃ》（岡山市）の神職《しんしょく》の家にうまれましたが、十四歳《さい》のときに天台宗《てんだいしゅう》の比叡山《ひえいざん》で出家しました。また、山岳霊場《さんがくれいじょう》だった大山《だいせん》でも修《しゅ》行《ぎょう》し、さまざまな修法《しゅほう》（祈禱法《きとうほう》）をもつ密教《みっきょう》の僧《そう》にもなりました。その名を葉上房栄西《ようじょうぼうえいさい》といいます。

そのころ、保元《ほうげん》・平治《へいじ》の乱《らん》（一一五六年・一一五九年）がおこり、世は末法《まっぽう》だとさかんにいわれるようになりました。平安時代末期の動乱《どうらん》の世に栄西《えいさい》は興法利生《こうぼうりしょう》（仏法を再興《さいこう》して衆生《しゅじょう》を利益《りやく》すること）をめざします。二十八歳《さい》のとき、当時は宋《そう》の時代であった中国にわたり、天台宗開創《てんだいしゅうかいそう》の地である天台山《てんだいさん》をたずねて、書物をもちかえって比叡山《ひえいざん》の天台座主《てんだいざす》の明雲《みょううん》に献上《けんじょう》しました。明雲《みょううん》は平家《へいけ》の護持僧《ごじそう》（一門の安泰《あんたい》を祈《いの》る僧《そう》）にもなった

元《げん》のころの日本と朝鮮半島《ちょうせんはんとう》

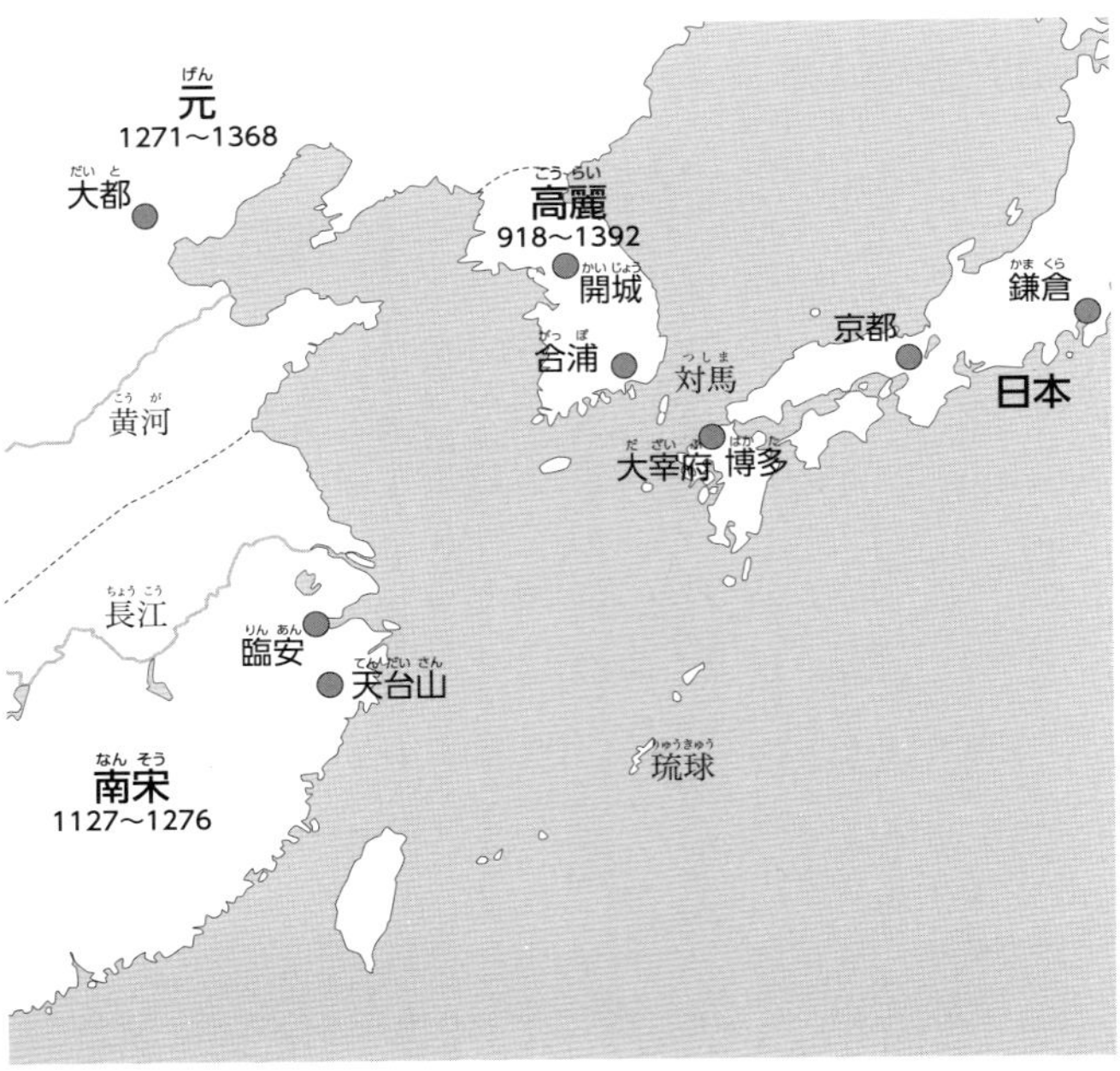

仏門の権力者《けんりょくしゃ》で、源平《げんぺい》の争乱《そうらん》のなかで矢にあたって死んだといわれ、『平家物語《へいけものがたり》』でも語られています。

四十七歳《さい》のときに二度目の入宋《にっそう》をし、五十一歳《さい》の建久《けんきゅう》二年（一一九一）に帰国。このときは仏舎利《ぶっしゃり》（釈迦《しゃか》の遺骨《いこつ》）を求めてインドにいこうとしましたが、インドへの道のシルクロードがある西域《せいいき》にはモンゴル帝国《ていこく》が勢力を広げており、宋《そう》の朝廷《ちょうてい》に許可されませんでした。

宋《そう》はかつては中国全土をおさめていましたが、そのころ北部はモンゴル帝国《ていこく》の勢力下になっていました。宋《そう》は南部に追われて南宋《なんそう》とよばれる時代でしたが、禅宗《ぜんしゅう》が広まり、皇帝《こうてい》の官寺《かんじ》にもなっていました。栄西《えいさい》は臨済宗《りんざいしゅう》の印可《いんか》（法をつぐ認可《にんか》）をうけ、その血脈《けちみゃく》をはじめて日本に伝えました。

◆禅宗《ぜんしゅう》と天台宗《てんだいしゅう》

そのころ、中国からの伝来ではなく日本で独自にうまれた禅宗《ぜんしゅう》がありました。比叡山《ひえいざん》の僧《そう》だった大日房能忍《だいにちぼうのうにん》（生没年不明《せいぼつねんふめい》）が経典や禅《ぜん》の書物によって摂津水田《せっつすいた》（大阪府吹田市《すいた》）に三宝寺《さんぼうじ》という禅道場《ぜんどうじょう》をつくってひらいた達磨宗《だるましゅう》です。三宝寺《さんぼうじ》には聖《ひじり》とよばれる民間の僧《そう》が多くあつまり、信徒もふえていました。

建久《けんきゅう》五年（一一九四）、はじめは九州で禅《ぜん》を広めていた栄西《えいさい》は都での布教《ふきょう》をめざして上洛《じょうらく》しましたが、比叡山《ひえいざん》は達磨宗《だるましゅう》の広まりをおさえるため、朝廷《ちょうてい》に禅停止《ぜんちょうじ》をうったえ、能忍《のうにん》も栄西《えいさい》も布教《ふきょう》を禁じられました。

栄西《えいさい》は博多《はかた》（福岡市《ふくおか》）にもどって聖福寺《しょうふくじ》をたてましたが、そこにも弾圧《だんあつ》がおよんだため、禅《ぜん》の正統性を主張するためにあらわしたのが『興禅護国論《こうぜんごこくろん》』です。その書名のとおり、「禅《ぜん》を興《おこ》すことが護国《ごこく》になる」と主張する十項目《こうもく》の論です。その第一は「正法《しょうぼう》を世に久住《くじゅう》せしむる論」、末法《まっぽう》の今こそ世に仏法《ぶっぽう》を永続させねばならないといいます。第二は「国家を鎮護《ちんご》する論」、諸天神《しょてんじん》（神々）は禅宗《ぜんしゅう》を尊《そん》

栄西《えいさい》（1141～1215年） 臨済宗《りんざいしゅう》を日本に最初に伝えた。

重《ちょう》する国を守護《しゅご》するといいます。また、禅《ぜん》は天台《てんだい》の摩訶止観《まかしかん》をうけつぐものだといい、比叡山《ひえいざん》から非難《ひなん》される理由はないとのべています。

そして第十の「回向《えこう》し発願《ほつがん》する論」で栄西《えいさい》は人びとに仏法の功徳《くどく》をめぐらせ、禅《ぜん》によって人びとのために行《ぎょう》を修《しゅ》すると誓《ちか》いの言葉でむすんでいます。

また、『興禅護国論《こうぜんごこくろん》』の序には「人の心は天よりも高く、地の底よりも深い」といい、すべては心にあるという禅《ぜん》の極意《ごくい》を次のように記《しる》しています。

> 大いなるかな心や。天の高きは極《きわ》むべからず。しかるに心は天の上に出《い》づ。地の厚《あつ》さは測《はか》るべからず。しかるに心は地の下に出《い》づ。日月の光は踰《こ》ゆべからず。しかるに心は日月光明の表に出《い》づ。

栄西《えいさい》の生涯《しょうがい》

◉1141年（1歳《さい》）＊年齢《ねんれい》は数え年
備中《びっちゅう》（岡山県）の吉備津神社《きびつじんじゃ》の神官の子としてうまれる。

◉1153年（13歳《さい》）
比叡山《ひえいざん》にのぼり、翌年受戒《よくとしじゅかい》して、栄西《えいさい》という僧名《そうめい》をうける。

◉1167年（27歳《さい》）
大山《だいせん》（鳥取県）で修行する。

◉1168年（28歳《さい》）
中国禅宗《ぜんしゅう》の隆盛《りゅうせい》を聞き、宋《そう》へわたり、天《てん》台山《だいさん》をたずねる。途上《とじょう》、重源《ちょうげん》にあう。

◉1185年（45歳《さい》）
後鳥羽上皇《ごとばじょうこう》の勅《ちょく》により、京都の神泉苑《しんせんえん》で雨乞《あまご》いをして、「葉上《ようじょう》」の号を賜《たまわ》る。

◉1187年（47歳《さい》）
ふたたび、宋《そう》にわたり、インドの仏跡巡礼《ぶっせきじゅんれい》をめざすが、実現せず、天台山《てんだいさん》にいく。雨《あま》乞《ご》いをして、「千光《せんこう》」の号を皇帝《こうてい》から賜《たまわ》る。

◉1189年（49歳《さい》）
天童山《てんどうさん》にうつり、臨済禅《りんざいぜん》をうける。

◉1191年（51歳《さい》）
宋《そう》より帰国後、九州各地に禅院《ぜんいん》を建立《こんりゅう》する。

◉1194年（54歳《さい》）
比叡山《ひえいざん》などの圧力で、禅《ぜん》を広めることをやめさせられる。

◉1198年（58歳《さい》）
『興禅護国論《こうぜんごこくろん》』をあらわす。

◉1200年（60歳《さい》）
源頼朝《みなもとのよりとも》の一周忌法要《いっしゅうきほうよう》の導師《どうし》をつとめ、北条政子《ほうじょうまさこ》に頼《たの》まれ、寿福寺《じゅふくじ》を開創《かいそう》する。

◉1204年（64歳《さい》）
京都に建仁寺《けんにんじ》をひらく。

◉1206年（66歳《さい》）
重源《ちょうげん》が寂《じゃく》したので、そのあとをうけ、東《とう》大寺大勧進職《だいじだいかんじんしょく》となる。

◉1214（74歳《さい》）
『喫茶養生記《きっさようじょうき》』をまとめる。

◉1215年（75歳《さい》）
いすにすわったまま寂《じゃく》といわれるが、その地は京都とも鎌倉《かまくら》ともいわれる。

北条政子《ほうじょうまさこ》　源《みなもとの》 頼朝《よりとも》の死後、出家して尼《あま》すがたになった。（神奈川県鎌倉市・安養院蔵）

◆臨済宗《りんざいしゅう》の広まり

栄西《えいさい》が禅宗《ぜんしゅう》を広めるきっかけは鎌倉《かまくら》からうまれました。正治《しょうじ》二年（一二〇〇）におこなわれた源《みなもとの》 頼朝《よりとも》の一周忌《しゅうき》の法要《ほうよう》で栄西《えいさい》は導師《どうし》（中心の僧《そう》）をつとめ、同年、頼朝《よりとも》の妻の北条政子《ほうじょうまさこ》が建立《こんりゅう》した寿福寺《じゅふくじ》の開山《かいさん》（第一代の住職《じゅうしょく》）にむかえられ、最初の禅院《ぜんいん》（禅宗寺院《ぜんしゅうじいん》）になったのです。建仁《けんにん》二年（一二〇二）には二代将軍《しょうぐん》・源《みなもとの》 頼家《よりいえ》の外護《げご》（信徒の援助《えんじょ》）によって京都に建仁寺《けんにんじ》を建立《こんりゅう》しました。

その後、建長寺《けんちょうじ》開山《かいさん》の蘭渓道隆《らんけいどうりゅう》（一二一三〜一二七八年）、円覚寺《えんがくじ》開山《かいさん》の無学《むがく》祖元《そげん》（一二二六〜一二八六年）ら、鎌倉《かまくら》時代から室町《むろまち》時代にかけて中国から来日した僧《そう》や、日本から中国にわたって臨済《りんざい》の血脈《けちみゃく》をうけた僧《そう》がひらいた寺院を本山として十四の宗派《しゅうは》がうまれ、その全体を臨済宗《りんざいしゅう》とよんでいます。江戸《えど》時代に来日した隠元《いんげん》の黄檗宗《おうばくしゅう》も臨済系《りんざいけい》の禅宗《ぜんしゅう》です。

道元《どうげん》と曹洞宗《そうとうしゅう》

◆曹洞宗《そうとうしゅう》の伝法《でんぼう》

道元《どうげん》は身分の高い貴族《きぞく》の久我通親《こがみちちか》の子として京都にうまれましたが、三歳《さい》で父、八歳《さい》で母と死別し、十三歳《さい》の年に比叡山《ひえいざん》にのぼりました。翌年《よくとし》、正式に受戒《じゅかい》して僧《そう》になりましたが、まもなく比叡山《ひえいざん》を下り、十八歳《さい》のとき栄西《えいさい》の弟子《でし》の明全《みょうぜん》をたずねて建仁寺《けんにんじ》にはいりました。

貞応《じょうおう》二年（一二二三）二十四歳《さい》のとき、明全《みょうぜん》と宋《そう》にわたります。明全《みょうぜん》とは港でわかれて寺々をめぐって師《し》を求め、二十六歳《さい》のときに天童山《てんどうさん》の如浄《にょじょう》の弟子《でし》に

道元《どうげん》（1200～1253年） 曹洞宗《そうとうしゅう》の開祖《かいそ》。

なりました。そこで坐禅《ざぜん》していたときに「身心脱落《しんじんだつらく》」という大悟《たいご》を体験しました。二十八歳《さい》のときに如浄《にょじょう》の印可《いんか》をうけて帰国し、建仁寺《けんにんじ》にもどって『普勧坐禅儀《ふかんざぜんぎ》』をあらわしました。それは「広く坐禅《ざぜん》をすすめる」という日本最初の坐禅《ざぜん》入門書で、坐禅《ざぜん》の姿勢《しせい》や息のしかたなどが具体的にかかれています。

ただし道元《どうげん》は「坐禅《ざぜん》は習禅《しゅうぜん》にはあらず。ただこれ安楽《あんらく》の法門《ほうもん》なり」といい、習い事のように上達しようとするのではなく、無心に坐禅《ざぜん》することそのものがさとりをきわめることだといいます。道元《どうげん》は修証一等《しゅしょういっとう》（修行もさとりも同じ）、只管《しかん》打坐《たざ》（ひたすら坐禅《ざぜん》すること）の禅《ぜん》を説きます。

それが「安楽《あんらく》の法門《ほうもん》」だというのは、坐禅《ざぜん》すれば「公案現成《こうあんげんじょう》、羅籠《らもう》いまだ到《いた》らず（さとりの境地《きょうち》がおのずからひらかれ蔓草《つるくさ》のようにからまった迷いにふみこむことはない）」ということです。それを体得《たいとく》すれば、「龍《りゅう》が水を得たかのように、虎《とら》が山にすむかのように、自在な境地《きょうち》になる。それゆえ、禅《ぜん》は〈安楽《あんらく》の法門《ほうもん》〉だ」

道元《どうげん》の生涯《しょうがい》

◉**1200年（1歳《さい》）**＊年齢《ねんれい》は数え年
高位の貴族《きぞく》の久我《こが》家《け》に生まれる。父は内大《ないだい》臣《じん》久我通親《こがみちちか》。母は太政大臣藤原基房《だいじょうだいじんふじわらのもとふさ》の娘《むすめ》と伝える。

◉**1212年（13歳《さい》）**
比叡山《ひえいざん》にのぼる。

◉**1213年（14歳《さい》）**
天台座主公円《てんだいざすこうえん》を師《し》として出家。

◉**1214年（15歳《さい》）**
比叡山《ひえいざん》をでて諸師《しょし》に道を問う。

◉**1217年（18歳《さい》）**
栄西《えいさい》の弟子《でし》の明全《みょうぜん》をたずねて建仁寺《けんにんじ》にはいる。

◉**1223年（24歳《さい》）**
明全《みょうぜん》と入宋《にっそう》。諸山《しょざん》を遍歴《へんれき》し、26歳《さい》のときに天童山《てんどうさん》の如浄《にょじょう》の弟子《でし》になる。

◉**1227年（28歳《さい》）**
如浄《にょじょう》より曹洞宗《そうとうしゅう》の血脈《けちみゃく》（法統《ほうとう》）を受けて帰国。『普勧坐禅儀《ふかんざぜんぎ》』をあらわす。

◉**1230年（31歳《さい》）**
山城深草《やましろふかくさ》（京都市伏見《ふしみ》区）の安養院《あんよういん》にうつる。

◉**1231年（32歳《さい》）**
このころ『正法眼蔵《しょうぼうげんぞう》』95巻《かん》の最初の巻《かん》『弁道話《べんどうわ》』をあらわす。

◉**1233年（34歳《さい》）**
深草《ふかくさ》に観音導利興聖宝林禅寺《かんのんどうりこうしょうほうりんぜんじ》（興聖寺《こうしょうじ》）を開創《かいそう》。

◉**1237年（38歳《さい》）**
『永平清規《えいへいしんぎ》』6巻《かん》の最初『典座教訓《てんぞきょうくん》』をあらわす。

◉**1244年（45歳《さい》）**
越前《えちぜん》にうつり、翌年《よくとし》、傘松山大仏寺《さんしょうざんだいぶつじ》をひらく。

◉**1246（47歳《さい》）**
大仏寺《だいぶつじ》を吉祥山永平寺《きちじょうざんえいへいじ》に改称《かいしょう》。

◉**1247年（48歳《さい》）**
鎌倉《かまくら》をおとずれる。

◉**1253年（54歳《さい》）**
病気の療養《りょうよう》のため京都におもむき、寂《じゃく》。

天童山《てんどうさん》　道元《どうげん》は天童山《てんどうさん》の如浄《にょじょう》のもとで、「身心脱落《しんじんだつらく》」の体験をした。（中国浙江省）

といいます。

そして道元《どうげん》は「宝蔵《ほうぞう》自《おのずか》ら開けて受用如意《じゅようにょい》ならん」という言葉で『普勧坐禅《ふかんざぜん》儀《ぎ》』をむすんでいます。ひたすら坐禅《ざぜん》すれば輝《かがや》かしい仏の世界が眼前にひらけて、意のままに、そこに安住することができるというのです。

このような禅《ぜん》の境地《きょうち》は「公案現成《こうあんげんじょう》、羅籠《らもう》いまだ到《いた》らず」など、力強い漢語のひびきとともに伝えられました。平安《へいあん》時代の漢詩・漢文は隋《ずい》・唐代《とうだい》の古い言葉にならったものでしたが、そこに宋代《そうだい》の禅語《ぜんご》がくわわったのです。当時は斬新《ざんしん》な言葉でした。漢語の意味はよくわからなくても、強く心にひびきます。禅宗《ぜんしゅう》の広まりは、やがて、その言葉によって日本語を豊かにしていきます。しかし当初、禅《ぜん》は比叡山《ひえいざん》など、いわゆる旧仏教勢力《きゅうぶっきょうせいりょく》から弾圧《だんあつ》され、道元《どうげん》の禅《ぜん》もかんたんにはうけいれられなかったのです。

◆立教開宗《りっきょうかいしゅう》

寛喜《かんぎ》二年（一二三〇）、道元《どうげん》は建仁寺《けんにんじ》をでて山城深草《やましろふかくさ》（京都市伏見《ふしみ》区）の安養院《あんよういん》という寺（極楽寺跡《ごくらくじあと》）にうつりました。翌年《よくとし》、『弁道話《べんどうわ》』をあらわしたとされます。以後、おりおりの著述《ちょじゅつ》が主著《しゅちょ》『正法眼蔵《しょうぼうげんぞう》』の各巻《かくかん》にまとめられます。永平寺《えいへいじ》につたわる本山版《ほんざんばん》『正法眼蔵《しょうぼうげんぞう》』は九十五巻《かん》で、その第一巻《かん》が『弁道話《べんどうわ》』です。

『弁道話《べんどうわ》』は弁道《べんどう》すなわち仏道の修行について説いた書物で、「立教開宗《りっきょうかいしゅう》の書」とされます。この書物には、禅《ぜん》についての疑問《ぎもん》に答えた十八項目《こうもく》の問答がありま す。そのうちの二項目《こうもく》をあげます。

［第四の問い］我《わ》が国《くに》には法華宗《ほっけしゅう》や華厳宗《けごんしゅう》があり、真言宗《しんごんしゅう》では即心是仏《そくしんぜぶつ》（心がすなわち仏）・是心作仏《ぜしんさぶつ》（人の心のまま仏になる）の法を伝えている。それらをさしおいて、なぜ坐禅《ざぜん》をすすめるのか？

興聖寺《こうしょうじ》　道元《どうげん》が最初の禅《ぜん》の道場として京都の深草《ふかくさ》にひらき、江戸《えど》時代に現在地にうつった。（京都府宇治市）

［答え］修行の真偽《しんぎ》をみわけるべきである。即心是仏《そくしんぜぶつ》という言葉は水にうつった月をさすにすぎない。（中略）言葉にまどわされてはならない。今、直証《じきしょう》菩提《ぼだい》の修行（さとりに直結する修行）をすすめるため、仏祖単伝《ぶっそたんでん》の妙道《みょうどう》（釈《しゃ》迦《か》からまっすぐに伝えられてきた直指人心《じきしにんしん》の道）をしめして人びとを真実の仏道にみちびきたい。

［第十五の問い］坐禅《ざぜん》すれば、この末法《まっぽう》の末代悪世《まつだいあくせ》でも証《しょう》（さとり）を得られるのか？

［答え］大乗《だいじょう》の真実の教えでは正法《しょうぼう》・像法《ぞうほう》・末法《まっぽう》の時代を区別しない。修《しゅう》すれば皆《みな》、得道《とくどう》するという。証《あかし》を得るかどうかは、修《しゅう》すればおのずから知ることができよう。水を使う人が水の冷暖《れいだん》を知るように。

これは公案《こうあん》の禅問答《ぜんもんどう》ではなく、質問と答えがわかりやすく書かれています。

◆興聖寺開堂《こうしょうじかいどう》

天福《てんぷく》元年（一二三三）道元《どうげん》は広く寄進《きしん》をつのって深草《ふかくさ》に興聖寺《こうしょうじ》を開創《かいそう》しました。観音導利院《かんのんどうりいん》ともいい、くわしくは観音導利興聖宝林禅寺《かんのんどうりこうしょうほうりんぜんじ》といいます。それは最初の禅《ぜん》の専門道場でした。

大きな禅院《ぜんいん》（禅宗寺院《ぜんしゅうじいん》）の建物は、仏像をまつる仏堂《ぶつどう》ではなく、住職《じゅうしょく》が説法をする法堂《はっとう》が中心です。そこにも、さとりは人の心にあり、言動にしめされるという禅《ぜん》の仏法《ぶっぽう》がしめされています。

興聖寺《こうしょうじ》での最初の上堂《じょうどう》（説法）が道元《どうげん》の言行録『永平広録《えいへいこうろく》』の冒頭《ぼうとう》に、「如来《にょらい》の妙音《みょうおん》（仏の言葉）を伝え説く」として、「湘南潭北《しょうなんたんほく》の黄金国《おうごんこく》（中国の湘江《しょうこう》の南、潭水《たんすい》の北にあるという国）限《かぎ》りなく平らかにして人は陸沈《りくちん》せらる」と記《しる》されてい

坐《ざ》禅《ぜん》をする僧《そう》たち（東京都港区・永平寺別院長谷寺）

ます。「陸沈《りくちん》」とは中国で世俗《せぞく》にいながら隠者《いんじゃ》としてくらすことをいう言葉で、人はどこにいても仏の黄金国《おうごんこく》にいるということです。

文暦《ぶんりゃく》元年（一二三四）、達磨宗《だるましゅう》の懐奘《えじょう》（一一九八〜一二八〇年）が弟子《でし》たちをひきいて興聖寺《こうしょうじ》の道元《どうげん》に入門しました。それによって道元《どうげん》のもとに修行僧《しゅぎょうそう》の集団がうまれたのですが、新たな禅宗《ぜんしゅう》の広まりに比叡山《ひえいざん》の弾圧《だんあつ》は深草《ふかくさ》の興聖寺《こうしょうじ》にもおよびました。

◆永平寺《えいへいじ》の建立《こんりゅう》

寛元《かんげん》二年（一二四四）、道元《どうげん》は越前志比庄《えちぜんしいのしょう》（福井県永平寺町《えいへいじちょう》）にうつり、傘松山大仏寺《さんしょうざんだいぶつじ》をひらきました。その地に所領《しょりょう》をもつ武士、波多野義重《はたのよししげ》のまねきをうけてのことだったといわれます。翌年《よくとし》、道元《どうげん》は大仏寺《だいぶつじ》の名を吉祥山永平寺《きちじょうざんえいへいじ》にあらためました。これが現在の曹洞宗大本山永平寺《そうとうしゅうだいほんざんえいへいじ》です。その名の意味を道元《どうげん》は四句の偈《げ》（詩文）にあらわしました。今も永平寺山門《えいへいじさんもん》の額《がく》に記《しる》されています。

諸仏如来《しょぶつにょらい》の大功徳《だいくどく》は
諸《もろもろ》の吉祥中《きちじょうちゅう》もっとも無上《むじょう》なり
諸仏《しょぶつ》ともに来《きた》って此処《ここ》に入《い》り、
是《こ》の故《ゆえ》に此《こ》の地《ち》は最吉祥《さいきちじょう》なり

諸仏如来大功徳
諸吉祥中最無上
諸仏倶来入此処
是故此地最吉祥

永平寺《えいへいじ》は東に白山連峰《はくさんれんぽう》をのぞむ山あいの地にあります。その道場こそ仏の功徳《くどく》があつまる幸福なところだということです。

◆僧院《そういん》の生活

道元《どうげん》は修証一等《しゅしょういっとう》（修行もさとりも同じ）、只管打坐《しかんたざ》（ひたすら坐禅《ざぜん》すること）の

経を読む僧《そう》たち（東京都港区・永平寺別院長谷寺）

禅《ぜん》を弟子《でし》・信徒らに説きました。しかし、坐禅《ざぜん》だけが禅《ぜん》ではありません。食事や掃除《そうじ》など、生活のすべてが禅《ぜん》とされます。そのため道元《どうげん》は『永平清規《えいへいしんぎ》』とよばれる修行生活の規則をさだめました。

『永平清規《えいへいしんぎ》』は六編《ぺん》の書物です。そのなかの『赴粥飯法《ふしゅくはんぼう》』は食事の作法を定めた清規《しんぎ》で、食事の席のつきかた、食器の使いかたなどが細かく決められて、今も永平寺《えいへいじ》でおこなわれています。

なかでも食前の祈《いの》りは厳重《げんじゅう》で、さまざまな言葉をとなえ、食物は修行のためにあたえられたものとして仏に礼拝《らいはい》します。そのとき役目の僧《そう》がとなえる偈《げ》は、今も曹洞宗《そうとうしゅう》の僧《そう》が布施《ふせ》をうけたときにとなえる言葉になっています。

財法二施《ざいほうにせ》　功徳無量《くどくむりょう》　檀波羅蜜《だんはらみつ》　具足円満《ぐそくえんまん》

この言葉のおよその意味は、在家《ざいけ》の人が財物をさしだすのも、僧《そう》が幸福を祈《いの》って法をほどこすのも平等にかぎりない功徳《くどく》をそなえているということです。禅僧《ぜんそう》には托鉢《たくはつ》（鉢《はち》をもって食物を乞《こ》うこと）して家々をめぐる行《ぎょう》があります。そのときも、この言葉をとなえます。

また、道元《どうげん》は四季おりおりに禅《ぜん》の心をうたう漢詩をつくりました。言行録《げんこうろく》『永《えい》平広録《へいこうろく》』から早春の一首をあげます。

雪覆芦花不染塵
風光占断属当人
寒梅一点芳心綻
喚起劫壺空処春

雪《ゆき》は芦花《ろか》を覆《おお》って塵《ちり》に染《そ》まず
風光占断《ふうこうせんだん》して当人《とうにん》に属《ぞく》す
寒梅一点《かんばいいってん》　芳心綻《ほうしんほころ》び
喚起《かんき》す劫壺空処《ごうこくうじょ》の春《はる》

＊雪《ゆき》が白い芦《あし》の穂《ほ》をおおって塵《ちり》ひとつのよごれもなく、

禅院《ぜんいん》の食事《しょくじ》（東京都港区・永平寺別院長谷寺）

風は光ってあたりを満たし、うける人をつつむ。
早春の梅《うめ》がひとつ、つぼみをほころばせて香《かお》り、
劫壺空処《ごうこくうじょ》の春をよびおこす。

「劫壺空処《ごうこくうじょ》」とは小さな壺《つぼ》のなかにも永遠の世界があり、無限の空間があるということです。春は毎年、来ては去るけれど、今の一瞬《いっしゅん》に永遠があります。禅《ぜん》は一輪の花にも永遠の仏をみます。のちの室町《むろまち》時代に禅院《ぜんいん》から華道《かどう》・茶道《ちゃどう》がうまれてくることを予感させる道元《どうげん》の詩です。

◆道元《どうげん》の入寂《にゅうじゃく》

建長《けんちょう》四年（一二五二）の秋、道元《どうげん》は重い病《やまい》になり、永平寺《えいへいじ》を懐奘《えじょう》につがせました。この年に『八大人覚《はちだいにんがく》』を撰述《せんじゅつ》し、『正法眼蔵《しょうぼうげんぞう》』九十五巻《かん》の最後になりました。『八大人覚《はちだいにんがく》』とは「大人《だいにん》（仏）の八つの覚《さとり》」ということで、その第一は「少《しょう》欲知足《よくちそく》（欲《よく》を少なくして足《た》るを知ること）」です。懐奘《えじょう》はその巻《かん》に後書きをつけて「これは釈尊《しゃくそん》の最後の教えであり、かつ先師《せんし》（道元《どうげん》）最後の遺教《ゆいきょう》（遺言《ゆいごん》）である」と記《しる》しています。

翌年《よくとし》八月、道元《どうげん》は療養《りょうよう》のため京都の俗人《ぞくじん》の弟子《でし》覚念《かくにん》の屋敷《やしき》（京都市下京区《しもぎょうく》）におもむき、そこで寂《じゃく》しました。五十四歳《さい》です。

その入寂《にゅうじゃく》の前に道元《どうげん》は法華経《ほけきょう》の「即是道場《そくぜどうじょう》」の経文《きょうもん》をとなえ、屋敷《やしき》の柱に書きつけたといわれます。それは「僧房《そうぼう》でも俗人《ぞくじん》の家でも曠野《こうや》でも塔《とう》をたてて供《く》養《よう》すれば（仏に祈《いの》れば）、そこが道場（さとりの場）である」という経文《きょうもん》です。

道元《どうげん》の遺体《いたい》は京都で火葬《かそう》され、遺骨《いこつ》は永平寺《えいへいじ》の墓所《ぼしょ》におさめられました。その後、曹洞宗《そうとうしゅう》は永平寺《えいへいじ》第四代の瑩山紹瑾《けいざんじょうきん》（一二六八～一三二五年）のときに広まり、大きな宗派《しゅうは》になりました。

第十章

日蓮《にちれん》と日蓮宗《にちれんしゅう》

法華《ほっけ》信仰《しんこう》の新たな展開《てんかい》

清澄寺《せいちょうじ》　日蓮《にちれん》が出家し、日蓮宗《にちれんしゅう》をひらいたところ。（千葉県鴨川市）

立正安国《りっしょうあんこく》の法華経《ほけきょう》

◆法華宗《ほっけしゅう》と日蓮宗《にちれんしゅう》

法華信仰《ほっけしんこう》といえば多くの人が日蓮宗《にちれんしゅう》を思いうかべることでしょう。しかし、古くは飛鳥《あすか》時代に聖徳太子《しょうとくたいし》が『法華義疏《ほっけぎしょ》』をあらわして法華経《ほけきょう》を解説したのをはじめ、平安《へいあん》時代初期には最澄《さいちょう》が法華経《ほけきょう》を中心とする天台宗《てんだいしゅう》を比叡山延暦寺《ひえいざんえんりゃくじ》でひらきました。そして四百年もつづいた平安《へいあん》時代に法華信仰《ほっけしんこう》は浄土信仰《じょうどしんこう》とともに、すべての宗派《しゅうは》と貴族《きぞく》・民衆《みんしゅう》に広まりました。禅宗《ぜんしゅう》の栄西《えいさい》も道元《どうげん》も、法華経《ほけきょう》を深く信仰《しんこう》していました。

法華信仰《ほっけしんこう》には飛鳥《あすか》時代の聖徳太子《しょうとくたいし》以来の長い歴史があります。そのうえに新たに登場したのが日蓮《にちれん》ですが、日蓮宗《にちれんしゅう》というのは明治時代からの宗名《しゅうめい》で、それ以前には法華宗《ほっけしゅう》といいました。今も法華宗《ほっけしゅう》という名をつかっている日蓮系《にちれんけい》の宗《しゅう》派《は》もあります（この本では時代・宗派《しゅうは》をとわず「日蓮宗《にちれんしゅう》」とします）。

◆立教開宗《りっきょうかいしゅう》

日蓮《にちれん》は鎌倉新仏教《かまくらしんぶっきょう》のなかでただ一人、関東のうまれです。承久《じょうきゅう》四年（一二二二）、

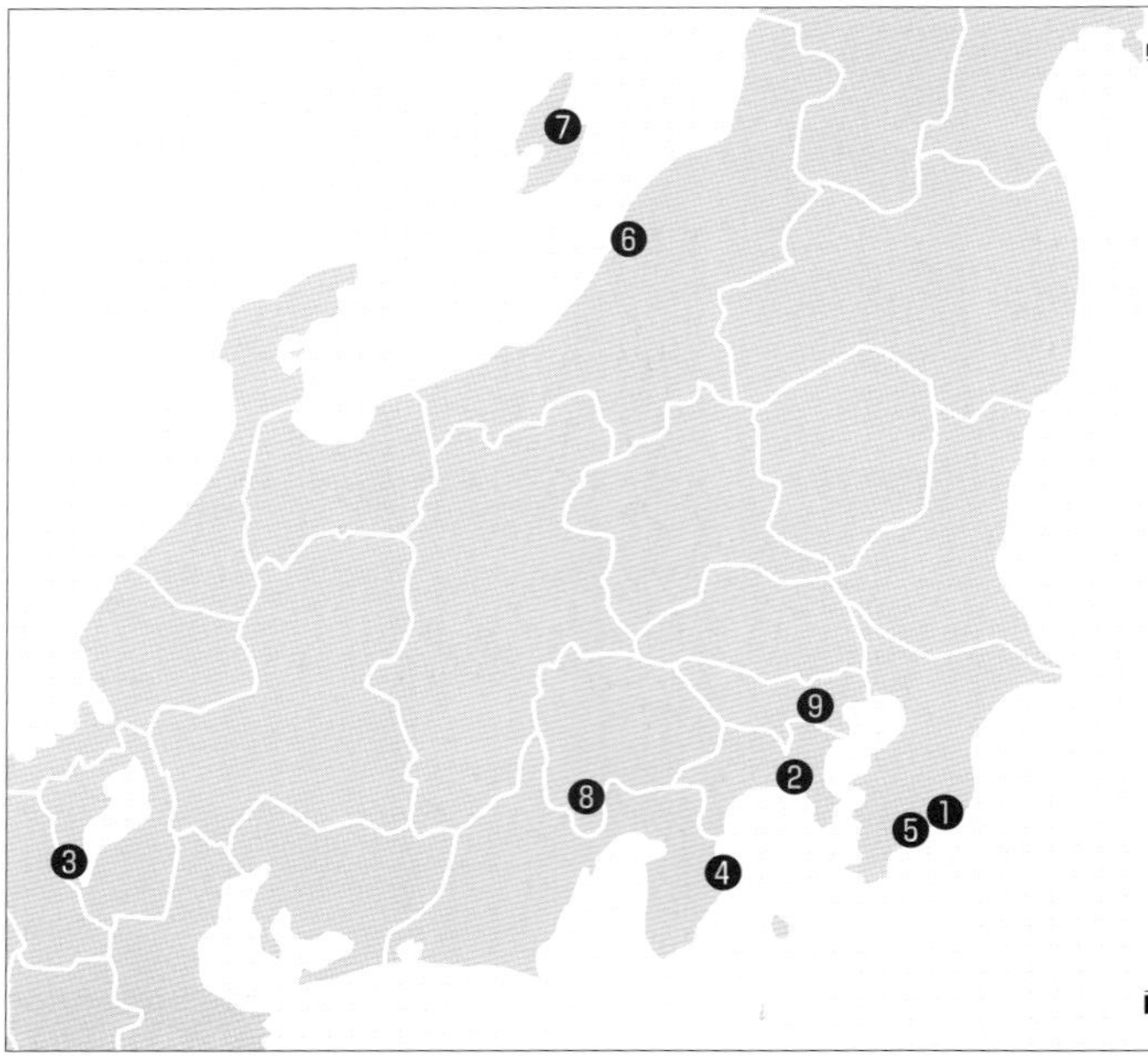

日蓮のゆかりの地

❶小湊《こみなと》。生誕《せいたん》と出家《しゅっけ》の地（千葉県鴨川市《かもがわ》）
❷鎌倉《かまくら》。幕府《ばくふ》に『立正安国論《りっしょうあんこくろん》』を提出。松葉ヶ谷法難《まつばがやつほうなん》の地（神奈川県鎌倉市《かまくら》）龍口法難《りゅうこうほうなん》の地（神奈川県藤沢市《ふじさわ》）
❸比叡山《ひえいざん》。修行の地。（滋賀県と京都府の境）
❹伊豆法難《いずほうなん》の地（静岡県伊東市《いとう》）
❺小松原法難《こまつばらほうなん》の地（千葉県鴨川市《かもがわ》）
❻寺泊《てらどまり》。佐渡《さど》に船出した地（新潟県長岡市《ながおか》）
❼佐渡流罪《さどるざい》の地（新潟県佐渡市《さど》）
❽身延《みのぶ》。隠棲《いんせい》の地（山梨県身延町《みのぶちょう》）
❾池上《いけがみ》。入寂《にゅうじゃく》の地（東京都大田区《おおた》）
＊白線は現在の都道府県境

安房小湊《あわこみなと》（千葉県鴨川市《かもがわ》）の漁村に生まれました。十二歳《さい》のとき安房《あわ》の清澄寺《せいちょうじ》にはいって勉学し、十六歳《さい》のとき、念仏僧《ねんぶつそう》の道善房《どうぜんぼう》を師《し》として出家《しゅっけ》しました。

十八歳《さい》のとき、日蓮《にちれん》は鎌倉《かまくら》にでて浄土教《じょうどきょう》や禅《ぜん》をまなびました。そして二十一歳《さい》から三十二歳《さい》まで日蓮《にちれん》は比叡山《ひえいざん》で修行《しゅぎょう》するほか、奈良や高野山《こうやさん》、四天王寺《してんのうじ》など、当時の仏教の中心地をおとずれます。そこでは神仏が法華《ほっけ》・念仏《ねんぶつ》・真言密教《しんごんみっきょう》などとまざりあって信仰《しんこう》されています。そのなかで法然《ほうねん》が末法《まっぽう》の人びとにふさわしい仏法《ぶっぽう》としてえらんだ専修念仏《せんじゅねんぶつ》が「南無阿弥陀仏《なむあみだぶつ》」の声とともに広まっていました。しかし、日蓮《にちれん》は法華一乗《ほっけいちじょう》の道をえらびました。

法華一乗《ほっけいちじょう》とは法華経《ほけきょう》だけを信じるということではありません。いろいろな教えは人びとにあわせて説かれた方便《ほうべん》の仏門《ぶつもん》（迹門《しゃくもん》）である。三乗《じょう》とよばれる三つの仏道（あらゆる仏道）は最終的には法華一乗《ほっけいちじょう》（法華経《ほけきょう》にしめされた一つの仏道／本門《ほんもん》）にいたるということです。

日蓮《にちれん》は末法《まっぽう》の今こそ法華一乗《ほっけいちじょう》の時であると確信します。建長《けんちょう》五年（一二五三）三十二歳《さい》のときに安房《あわ》の清澄寺《せいちょうじ》にもどり、「南無妙法蓮華経《なむみょうほうれんげきょう》」と題目をとなえて法華一乗《ほっけいちじょう》を僧《そう》たちにすすめました。しかし、それはうけいれられず、日蓮《にちれん》は清澄寺《せいちょうじ》から追《お》われます。しかし、富木常忍《ときじょうにん》（千葉県市川市《いちかわ》・中山法華経寺《なかやまほけきょうじ》の開山《かいさん》）らの武士のなかには日蓮《にちれん》に帰依《きえ》する人もあり、日蓮《にちれん》は鎌倉《かまくら》にでて松葉ヶ谷《まつばがやつ》の草庵《そうあん》にすみ、人びとに法華信仰《ほっけしんこう》を説きました。

◆『立正安国論《りっしょうあんこくろん》』をあらわす

そのころの正嘉《しょうか》元年（一二五七）、鎌倉《かまくら》で大地震《おおじしん》があったことが鎌倉幕府《かまくらばくふ》の記録『吾妻鏡《あずまかがみ》』に記《しる》されています。多くの寺や家がたおれたということです。また、天候不順のために各地で飢饉《ききん》がおこりました。

このままでは日本は諸天善神《しょてんぜんしん》（神々）の守護《しゅご》をうしなって自界叛逆《じかいほんぎゃく》（国内の争《そう》

乱《らん》）と他国侵逼《たこくしんぴつ》（外国からの侵略《しんりゃく》）の災難《さいなん》がおこると日蓮《にちれん》は危機感《ききかん》をもちました。そして文応《ぶんおう》元年（一二六〇）、『立正安国論《りっしょうあんこくろん》』をあらわして前執権《さきのしっけん》の北条時頼《ほうじょうときより》に提出し、幕府《ばくふ》に法華一乗《ほっけいちじょう》に帰《き》すること、すなわち、浄土《じょうど》や禅《ぜん》の教えによらず、もっぱら法華経《ほけきょう》を読誦《どくじゅ》したり、法華経《ほけきょう》の教えによって塔《とう》をたてたりすることをせまりました。それによって国がまもられるというのは、どういうことなのでしょうか。日蓮《にちれん》は『立正安国論《りっしょうあんこくろん》』に次のように書いています。

早く信仰《しんこう》をあらためて速《すみや》かに実乗《じつじょう》の一善《いちぜん》（真実の教えである法華一乗《ほっけいちじょう》）に帰依《きえ》しなさい。そうすれば三界《さんがい》（世界全体）はみな仏国《ぶっこく》（仏の国土）になります。仏国《ぶっこく》が衰《おとろ》えることがありましょうか。（中略）国に衰微《すいび》なく国土に破《は》壊《かい》なければ、身は安全にして心は禅定《ぜんじょう》（静か）です。

日蓮《にちれん》（1222 ～ 1282 年） 日蓮宗《にちれんしゅう》の開祖《かいそ》。

日蓮《にちれん》の生涯《しょうがい》

▶**1222年（１歳《さい》）** ＊年齢《ねんれい》は数え年
安房小湊《あわこみなと》（千葉県鴨川《かもがわ》市）に生まれる。

◉**1233年（12歳《さい》）**
安房《あわ》の清澄寺《せいちょうじ》に入り、本尊《ほんぞん》の虚空蔵菩薩《こくうぞうぼさつ》に「日本第一の智者《ちしゃ》となしたまえ」と祈願《きがん》。

◉**1237年（16歳《さい》）**
清澄寺《せいちょうじ》で出家。僧名《そうみょう》を是聖房蓮長《ぜしょうぼうれんちょう》という。

◉**1239年（18歳《さい》）**
鎌倉《かまくら》にでて浄土教《じょうどきょう》や禅《ぜん》を学ぶ。

◉**1242年（21歳《さい》）**
比叡山《ひえいざん》にのぼり、以後、11年間修行。その間に、京都・奈良《なら》の諸寺《しょじ》、高野山《こうやさん》、四天王《してんのう》寺《じ》などをおとずれる。

◉**1253年（32歳《さい》）**
前年清澄寺《せいちょうじ》にもどり、「南無妙法蓮華経《なむみょうほうれんげきょう》」と題目をとなえる。それが日蓮宗《にちれんしゅう》の立教《りっきょう》開宗《かいしゅう》とされる。その後、安房《あわ》をでて下総《しもうさ》（千葉県北部）の武士の館《やかた》に身をよせ、さらに鎌倉《かまくら》に出て松葉ヶ谷《まつばがやつ》の草庵《そうあん》にすむ。このころ、名を日蓮《にちれん》とする。

◉**1260年（39歳《さい》）**
『立正安国論《りっしょうあんこくろん》』をあらわし、前執権北条時《さきのしっけんほうじょうとき》頼《より》に提出。草庵《そうあん》が襲撃《しゅうげき》される（松葉ヶ谷法《まつばがやつほう》難《なん》）。

◉**1261年（40歳《さい》）**
伊豆《いず》に流される（伊豆法難《いずほうなん》）。

◉**1263年（42歳《さい》）**
流罪《るざい》がとかれ、鎌倉《かまくら》にもどる。

◉**1264年（43歳《さい》）**
故郷《こきょう》にもどったところ、安房東条郷小松《あわとうじょうごうこまつ》原《ばら》で襲撃《しゅうげき》される（小松原法難《こまつばらほうなん》）。

◉**1271年（50歳《さい》）**
幕府《ばくふ》にとらわれ、龍《たつ》ノ口《くち》の刑場《けいじょう》で斬首《ざんしゅ》されるところ、奇跡的《きせきてき》にたすかる（龍口法難《りゅうこうほうなん》）。佐渡《さど》に流される。

◉**1274年（53歳《さい》）**
流罪《るざい》がとかれ、鎌倉《かまくら》にもどって『立正安国《りっしょうあんこく》論《ろん》』をあらためて幕府《ばくふ》に提出。うけいれられず、甲斐身延《かいみのぶ》（山梨県身延町《みのぶちょう》）に隠棲《いんせい》。

◉**1282年（61歳《さい》）**
病《やまい》の治療《ちりょう》のために身延《みのぶ》を下山。武蔵千束《むさしせんぞく》（東京都大田《おおた》区池上《いけがみ》）で寂《じゃく》。

龍《たつ》ノ口《くち》の刑場《けいじょう》　日蓮《にちれん》は幕府《ばくふ》にとらえられて首をきられることになった。そのとき空に「光りもの」が出現し、死罪《しざい》をまぬかれたという。（『日蓮聖人註画讃』千葉県鴨川市・鏡忍寺蔵）

「立正安国《りっしょうあんこく》」とは「正法《しょうぼう》を立てて国を安泰《あんたい》にする」ということです。それは当時、「令法久住《りょうぼうくじゅう》（正法《しょうぼう》を存続《そんぞく》させる）」「興法利生《こうぼうりしょう》（仏法をおこし衆生《しゅじょう》を利益《りやく》すること）」などの言葉で広くいわれていたことでした。日蓮《にちれん》は正法《しょうぼう》を法華一乗《ほっけいちじょう》の本門《ほんもん》、法華経《ほけきょう》のこととし、末法《まっぽう》の世の救いとしたのでした。

日蓮《にちれん》の題目「南無妙法蓮華経《なむみょうほうれんげきょう》」

◆四度の法難《ほうなん》

法華経《ほけきょう》は鎮護国家《ちんごこっか》の経典として奈良時代から重視《じゅうし》され、鎌倉幕府《かまくらばくふ》でも鶴岡八幡宮《つるがおかはちまんぐう》などで僧《そう》に読誦《どくじゅ》させていました。幕府《ばくふ》は禅宗《ぜんしゅう》や真言律宗《しんごんりっしゅう》の寺々も保護していましたから、日蓮《にちれん》の主張する法華一乗《ほっけいちじょう》というわけにはいきません。また、鎌倉《かま》《くら》には阿弥陀仏《あみだぶつ》の鎌倉大仏《かまくらだいぶつ》や浄土宗《じょうどしゅう》の寺もあり、日蓮《にちれん》への反発が強まりました。そのため、日蓮《にちれん》は命にかかわる大きな法難《ほうなん》を四度もうけました。法難《ほうなん》とは信仰《しんこう》のために迫害《はくがい》されることです。

第一回、松葉ケ谷法難《まつばがやつほうなん》。三十九歳《さい》のとき、鎌倉《かまくら》の松葉ケ谷《まつばがやつ》にあった草庵《そうあん》が念仏《ねんぶつ》信者らに襲撃《しゅうげき》される。

第二回、伊豆法難《いずほうなん》。四十歳《さい》のとき、幕府《ばくふ》によって伊豆《いず》に流される。

第三回、小松原法難《こまつばらほうなん》。四十三歳《さい》のとき、安房《あわ》の小松原《こまつばら》で襲撃《しゅうげき》される。

第四回、龍口法難《りゅうこうほうなん》。文永《ぶんえい》八年（一二七一）五十歳《さい》のとき、幕府《ばくふ》によって死罪《しざい》となり、斬首《ざんしゅ》されることになる。

この第四回の龍口法難《りゅうこうほうなん》の前に日本は大きな危機《きき》に直面しました。文永《ぶんえい》四年（一二六七）十一月、高麗《こうらい》（当時の朝鮮《ちょうせん》半島の国）から知らせがあり、高麗《こうらい》を征服《せいふく》し

佐渡《さど》にながされる日蓮《にちれん》　日蓮《にちれん》は50歳《さい》のとき、佐渡《さど》に流された。日蓮《にちれん》は、たびかさなる法難《ほうなん》をふりかえり、自分は釈迦如来《しゃかにょらい》の弟子《でし》だという自覚を深めた。（『日蓮聖人註画讃』千葉県鴨川市・鏡忍寺蔵）

たモンゴルが次は日本をねらっているというのです。

あくる文永《ぶんえい》五年（一二六八）一月には高麗《こうらい》の使者がモンゴルの国書《こくしょ》（国の外交文書）をもって九州の大宰府《だざいふ》にやってきました。モンゴル襲来《しゅうらい》のきざしです。日蓮《にちれん》が『立正安国論《りっしょうあんこくろん》』で予告した他国侵逼《たこくしんぴつ》（外国からの侵略《しんりゃく》）の危機《きき》が現実になったのです。そのとき幕府《ばくふ》は異国降伏《いこくごうぶく》の祈禱《きとう》を各地の寺社におこなわせるとともに、権威《けんい》ある寺社にさからう「異類異形《いるいいぎょう》」の僧《そう》や、幕府《ばくふ》にしたがわない武士らを「悪党《あくとう》」として取りしまりを強化しました。そのなかで法華一乗《ほっけいちじょう》の日蓮《にちれん》の弟子《でし》・信徒らも弾圧《だんあつ》の対象にされ、日蓮《にちれん》は斬首《ざんしゅ》されることになったのです。

ところが、龍《たつ》ノ口《くち》の刑場《けいじょう》（神奈川県藤沢市《ふじさわし》）にひかれたとき、江《え》の島《しま》のほうから月のように光るものが出現。そのため、斬首《ざんしゅ》は中止になり、佐渡《さど》に流されることになりました。その光るものが何だったのかわかりませんが、日蓮《にちれん》自身が書きのこしていることです。

なお、当時、流罪《るざい》といっても牢獄《ろうごく》にとじこめられることはなく、その地の支持者の館《やかた》や庵《いおり》などにくらすことができ、弟子《でし》・信徒に会うこともできました。

◆佐渡《さど》の日蓮《にちれん》

日蓮《にちれん》の生涯《しょうがい》は大きく佐前《さぜん》・佐後《さご》（佐渡流罪《さどるざい》以前と以後）にわけられます。佐渡《さど》への流罪《るざい》以後に「南無妙法蓮華経《なむみょうほうれんげきょう》」の題目信仰《だいもくしんこう》が深まったからです。四度の法《ほう》難《なん》の体験が日蓮《にちれん》に大きな確信をもたらしました。法華経《ほけきょう》に告知されていることが日蓮《にちれん》自身の受難《じゅなん》によって真実であると証明され、この末法《まっぽう》の日本で法華経《ほけきょう》に説かれた地上の浄土《じょうど》（常寂光土《じょうじゃっこうど》）が実現するということです。

じつは法華経《ほけきょう》には持経者《じきょうしゃ》（法華経《ほけきょう》を信じる人）の受難《じゅなん》を告《つ》げる言葉があります。「この経は如来《にょらい》の現在すら猶怨嫉《なおおんしつ》多し。いわんや滅度《めつど》の後《のち》をや（法華経《ほけきょう》を信じる人は釈迦如来《しゃかにょらい》の在世《ざいせ》時でも迫害《はくがい》される。まして滅後《めつご》の悪世《あくせ》には）」と。

題目塔《だいもくとう》　「南無妙法蓮華経《なむみょうほうれんげきょう》」という題目をきざんだ石碑《せきひ》が題目塔《だいもくとう》で、日《にち》蓮宗《れんしゅう》寺院の山門《さんもん》や墓地《ぼち》でよくみられる。

大曼荼羅本尊《だいまんだらほんぞん》　題目のまわりに仏や菩薩《ぼさつ》の名をかきいれ、本尊《ほんぞん》として弟《で》子《し》・信徒にあたえた。（写真提供・香遊オンライン）

この経文《きょうもん》によって、命をうばわれるほどの法難《ほうなん》をうけた自分は釈尊《しゃくそん》から法華《ほけ》経《きょう》を広める勅《ちょく》（命令）をうけた釈子《しゃくし》（釈尊《しゃくそん》の直弟子《じきでし》）であると日蓮《にちれん》は確信しました。その確信を日蓮《にちれん》は佐渡《さど》で『如来滅後五五百歳始観心本尊抄《にょらいめつごごごひゃくさいしかんじんほんぞんしょう》（観心本尊抄《かんじんほんぞんしょう》）』という書物にあらわしました。「釈迦如来《しゃかにょらい》の滅後《めつご》、末法《まっぽう》のはじめに心に観《かん》じる本《ほん》尊《ぞん》（信仰《しんこう》し守護《しゅご》される仏）について」という書物です。

その本尊《ほんぞん》を具体的なかたちにしたのが「南無妙法蓮華経《なむみょうほうれんげきょう》」と書いた大曼荼羅《だいまんだら》本尊《ほんぞん》でした。

◆本門《ほんもん》の本尊《ほんぞん》

「妙法蓮華経《みょうほうれんげきょう》」は漢訳《かんやく》の法華経《ほけきょう》の正式名です。日蓮《にちれん》は「妙法蓮華経《みょうほうれんげきょう》」の五字に釈迦如来《しゃかにょらい》の力のすべてがこもっており、人の信心をあらわす「南無《なむ》」をつけた「南無妙法蓮華経《なむみょうほうれんげきょう》」の七字によってうけとれるとします。それを「妙法《みょうほう》五字七《ごじなな》字《じ》」といいます。「題目《だいもく》」とよばれる言葉です。

「南無《なむ》」は古代インドの「ナマス」の音を漢字であらわした言葉で、「妙法蓮《みょうほうれん》華経《げきょう》」も原語では「サッダルマ・プンダリーカ・スートラ（正しい教えの白い蓮《はす》の教え）」といいます。「南無妙法蓮華経《なむみょうほうれんげきょう》」の七字は、その漢訳《かんやく》にすぎないと思われるかもしれません。

しかし、神仏の霊威《れいい》がこもる聖典《せいてん》というものは、本来、人の言葉ではあらわせないのです。ですが、なにかの言葉でしめされなければ、どこに祈《いの》りの心をむけてよいのかわかりません。「南無妙法蓮華経《なむみょうほうれんげきょう》」という題目は、日蓮《にちれん》以前の平安《へいあん》時代に広くとなえられる言葉になっていました。その五字七字に日蓮《にちれん》は新たな意味を発見したのです。

日蓮《にちれん》の大曼荼羅本尊《だいまんだらほんぞん》は「南無妙法蓮華経《なむみょうほうれんげきょう》」の題目を中心に、釈迦如来《しゃかにょらい》・四天《してん》王《のう》・菩薩《ぼさつ》など、多くの尊名《そんめい》が書きこまれ、天照大神《あまてらすおおみかみ》や八幡大菩薩《はちまんだいぼさつ》という日本の神々

お会式《えしき》　日蓮《にちれん》の命日(10月13日)の行事で、全国の日蓮宗《にちれんしゅう》寺院でおこなわれる。東京都大《おお》田《た》区の池上本門寺《いけがみほんもんじ》のお会式《えしき》は、お祭りのようなにぎやかさで有名だ。

の名もあります。日蓮《にちれん》はそれを書いて弟子《でし》・信徒に本尊《ほんぞん》としてあたえました。形式はいろいろで、かんたんなものもありますが、かならず「南無妙法蓮華経《なむみょうほうれんげきょう》」の七字があります。日蓮《にちれん》はこの題目が「本門の本尊《ほんもんのほんぞん》」であり、それがかかげられたところが「本門の戒壇《ほんもんのかいだん》（仏の国土が実現するところ）」であるとしました。

◆身延《みのぶ》へ

日蓮《にちれん》の佐渡流罪《さどるざい》は三年後の文永《ぶんえい》十一年（一二七四）二月、五十三歳《さい》のときにゆるされました。日蓮《にちれん》は同年五月に鎌倉《かまくら》にもどり、あらためて幕府《ばくふ》に法華経《ほけきょう》による立正安国《りっしょうあんこく》を主張しましたが、やはり、うけいれられません。それで甲斐身延《かいみのぶ》（山梨県身延町《みのぶちょう》）に所領《しょりょう》をもつ御家人《ごけにん》の武士、波木井実長《はきいさねなが》（南部実長《なんぶさねなが》）のまねきによって身延《みのぶ》に隠棲《いんせい》しました。そこは富士川《ふじがわ》上流の山ぶかいところです。

同年十月、モンゴル・高麗軍《こうらいぐん》が九州に襲来《しゅうらい》しました。いよいよ日蓮《にちれん》の予告が現実になりましたが、日蓮《にちれん》は身延《みのぶ》にこもって、もはや鎌倉《かまくら》にでようとはしません。しかし、各地の信徒に手紙をおくって信仰《しんこう》の心得を説きました。今ものこる日蓮《にちれん》の手紙の多くは身延《みのぶ》時代のものです。

その身延《みのぶ》に隠棲《いんせい》してから数年後、日蓮《にちれん》は「やせ病」という病《やまい》に苦しむようになりました。それで弘安《こうあん》五年（一二八二）、温泉《おんせん》で治療《ちりょう》するために身延《みのぶ》をでて常陸《ひたち》（茨城県）の温泉《おんせん》にむかいました。その途上《とじょう》、武蔵《むさし》の池上宗仲《いけがみむねたか》の館《やかた》で六十一歳《さい》で寂《じゃく》しました。そこが今の池上本門寺《いけがみほんもんじ》（東京都大田区《おおたく》）になっています。遺体《いたい》は池上《いけがみ》で火葬《かそう》され、遺骨《いこつ》は身延《みのぶ》の墓所《ぼしょ》におさめられました。現在の日蓮《にちれん》宗総本山久遠寺《しゅうそうほんざんくおんじ》です。

なお、日蓮《にちれん》は六老僧《ろうそう》とよばれる六人の弟子《でし》に死後のことをゆだねました。その六人から日蓮系《にちれんけい》の宗派《しゅうは》がうまれ、室町《むろまち》時代には京都をはじめ各地に広まりました。

第十一章

鎌倉《かまくら》時代の「旧仏教《きゅうぶっきょう》」

寺社勢力の拡大《かくだい》

僧兵《そうへい》　この絵は春日大社《かすがたいしゃ》に参詣《さんけい》した貴族《きぞく》にしたがう人びと。そのうしろに白い頭《ず》巾《きん》をかぶっているのが僧兵《そうへい》で、その頭巾《ずきん》から「裏頭《かとう》」とよばれた。

（『春日権現霊験記』国立国会図書館蔵）

「旧仏教《きゅうぶっきょう》」の権門寺社《けんもんじしゃ》

◆寺社と強訴《ごうそ》

浄土宗《じょうどしゅう》・禅宗《ぜんしゅう》・日蓮宗《にちれんしゅう》などの鎌倉新仏教《かまくらしんぶっきょう》にたいして、それ以前のものは「旧仏教《きゅうぶっきょう》」とよばれます。平安《へいあん》時代に南都北嶺《なんとほくれい》とよばれるようになった奈良の興《こう》福寺《ふくじ》と比叡山《ひえいざん》（延暦寺《えんりゃくじ》）がその代表的な勢力です。それらの大寺院や神社は皇《こう》族《ぞく》・貴族《きぞく》などの権門《けんもん》（権勢《けんせい》をもつ人びと）とむすびついて、いわゆる権門寺社《けんもんじしゃ》になり、各地に広大な荘園《しょうえん》（支配する村）をもっていました。

その寺々には多くの僧《そう》がいて、大きく学侶《がくりょ》（学僧《がくそう》）と衆徒《しゅと》（大衆《だいしゅ》）にわけられます。学侶《がくりょ》はたいてい権門《けんもん》の出身で、身分の高い僧《そう》になりました。衆徒《しゅと》は寺の雑務にあたり、武器をもって僧兵《そうへい》にもなりました。学侶《がくりょ》と衆徒《しゅと》は対立することもありましたが、一体になって権門寺社《けんもんじしゃ》の権勢《けんせい》を維持《いじ》していました。

権門寺社《けんもんじしゃ》には皇族《こうぞく》・貴族《きぞく》につながる権威《けんい》と僧兵《そうへい》の武力にくわえて、もうひとつ、ほかにはない力がありました。いうまでもなく神仏をまつり、それなくして世の安泰《あんたい》はないと思われていたことです。壮大《そうだい》な伽藍《がらん》（寺院の建物）や荘重《そうちょう》な儀式《ぎしき》、堂々とした仏堂の金色《こんじき》の仏像などが、見る人を圧倒《あっとう》して、その力を強めました。

日吉大社東本宮本殿《ひよしたいしゃひがしほんぐうほんでん》
比叡山《ひえいざん》の神の大山咋《おおやまくいの》神《かみ》をまつる神社。山王権現《さんのうごんげん》ともよばれる。
（滋賀県大津市）

しかし、仏像は寺から動かしにくいものです。その弱点も「強訴《ごうそ》」というかたちで強さにかわりました。強訴《ごうそ》は神社の御神体《ごしんたい》（神がやどるという鏡や神木《しんぼく》）を御輿《みこし》にのせたりして外にだし、朝廷《ちょうてい》や幕府《ばくふ》に要求をうったえることです。今の祭りでも御輿《みこし》をかついでねりあるくように、神はかつぎだすことができます。平安《へいあん》時代に神仏習合《しんぶつしゅうごう》がすすんで、比叡山《ひえいざん》は日吉大社《ひよしたいしゃ》（山王権現《さんのうごんげん》）、興福寺《こうふくじ》は春日大社《かすがたいしゃ》と一体になり、その神人《じにん》（神官）とともに御輿《みこし》を都にかつぎだして強訴《ごうそ》しました。

都の皇族《こうぞく》・貴族《きぞく》は権門寺社《けんもんじしゃ》の権威《けんい》をおそれ、御神体《ごしんたい》をさえぎったり、きずつけたりすることはできません。白河法皇《しらかわほうおう》（一〇五三〜一一二九年）は「賀茂川《かもがわ》の水とさいころの目、山法師《やまほうし》（比叡山《ひえいざん》の僧《そう》）だけは自分の意のままにならない」となげいたほどです。

比叡山《ひえいざん》と日吉大社《ひよしたいしゃ》

平安《へいあん》時代のはじめに最澄《さいちょう》が天台宗《てんだいしゅう》をひらいた比叡山《ひえいざん》は『古事記《こじき》』にも登場する大山咋神《おおやまくいのかみ》がいるという神の山で、大山咋神《おおやまくいのかみ》は延暦寺《えんりゃくじ》の鎮守《ちんじゅ》として、ふもとの日吉大社《ひよしたいしゃ》（滋賀県大津《おおつ》市）にまつられました。

鎌倉《かまくら》時代の『源平盛衰記《げんぺいせいすいき》』（読み物の『平家物語《へいけものがたり》』）には、あらたに語られるようになった物語（いわゆる中世神話）が書かれています。釈迦如来《しゃかにょらい》の過去世《かこぜ》（前世《ぜんせ》）のことです。天竺《てんじく》（インド）の海に大波がおこり、「一切衆生悉有仏性《いっさいしゅじょうしつうぶっしょう》（あらゆるものに仏性《ぶっしょう》がある）」という音をたてて東方の比叡山《ひえいざん》に波がおしよせました。これまでお話しした、人はみな仏心をもつという教えがおしよせたのです。

そして、比叡山《ひえいざん》の神は権現《ごんげん》（仏の権《かり》のすがた）として日本でその教えを守《しゅ》護《ご》する神になり、山王権現《さんのうごんげん》とよばれるようになったということです。

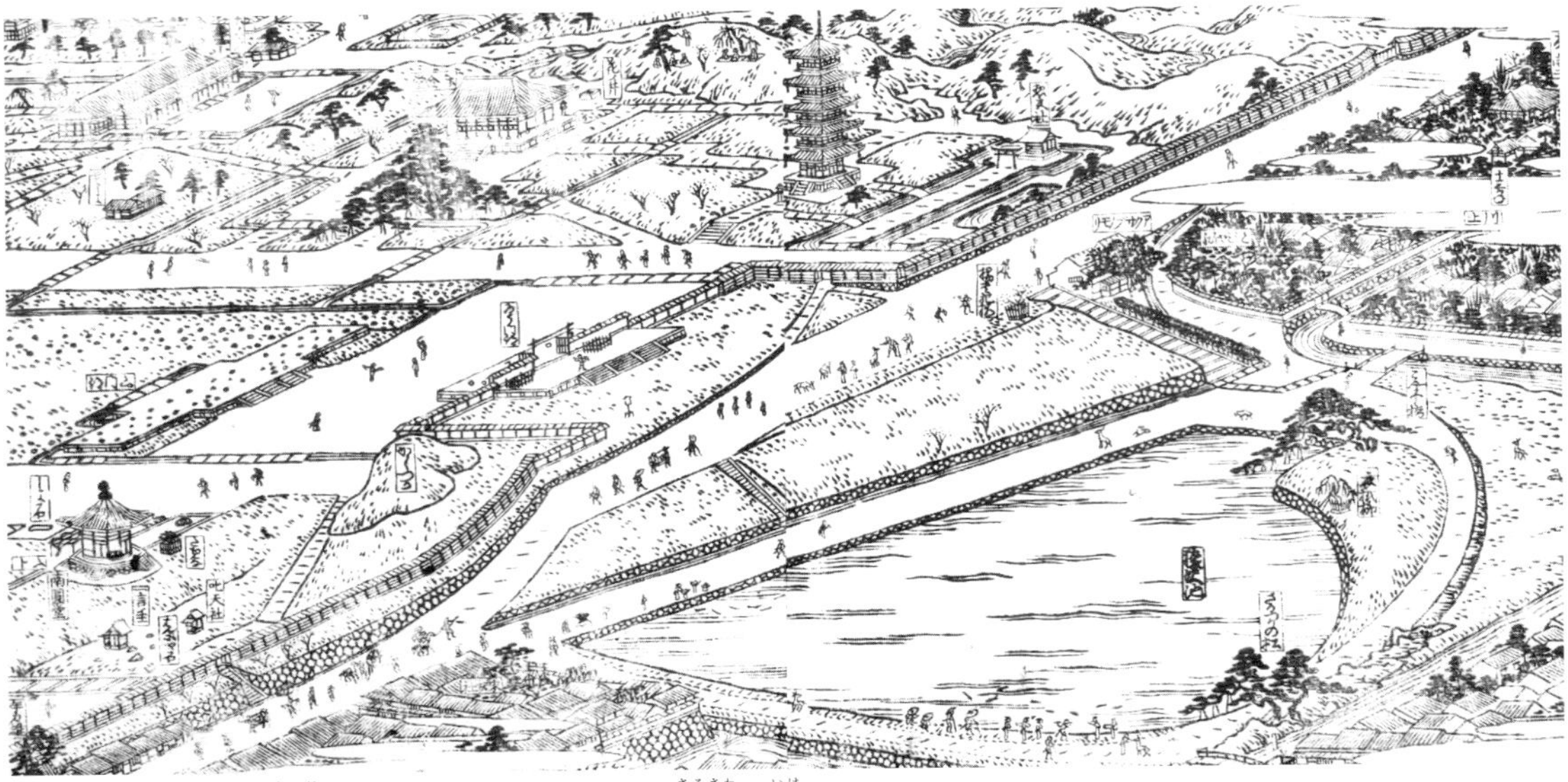

興福寺《こうふくじ》　この絵は江戸《えど》時代のようすで、下部に猿沢《さるさわ》の池《いけ》がえがかれている。
（『大和名所図会』早稲田大学図書館蔵）

◆大和《やまと》をおさめた興福寺《こうふくじ》

いっぽう、地方で新しく成長してきた武士は古い権門寺社《けんもんじしゃ》との関係がうすく、その権威《けんい》をそれほどおそれませんでした。平清盛《たいらのきよもり》は比叡山《ひえいざん》の座主《ざす》をとらえたこともありました。また、源平《げんぺい》の争乱《そうらん》がはじまった治承《じしょう》四年（一一八〇）には平氏《へいし》打倒《だとう》の動きに興福寺《こうふくじ》が加勢したために南都《なんと》攻《ぜ》めを命じました。その後、源平《げんぺい》の戦《たたか》いに勝った源　頼朝《みなもとのよりとも》は文治《ぶんじ》元年（一一八五）に全国に守護《しゅご》・地頭《じとう》をおきます。守護《しゅご》は治安をまもる役目の御家人《ごけにん》（源　頼朝《みなもとのよりとも》につかえる武士）で、のちには地方の国をおさめる守護大名《しゅごだいみょう》になります。

守護《しゅご》は全国の国ごとにおかれましたが、守護《しゅご》のいない特別の国もありました。鎌倉幕府《かまくらばくふ》がある相模国《さがみのくに》、京都《きょうと》の幕府《ばくふ》の役所・六波羅探題《ろくはらたんだい》がおさめる山城国《やましろのくに》など、幕府直轄《ばくふちょっかつ》の地ですが、ほかに、大和《やまと》は興福寺《こうふくじ》がおさめる国として守護《しゅご》がおかれなかったのです。

それは織田信長《おだのぶなが》によって安土桃山《あづちももやま》時代がはじまるころの永禄《えいろく》十年（一五六七）に戦国の武将《ぶしょう》・松永久秀《まつながひさひで》らに興福寺《こうふくじ》がやぶれるまで、中世の約四百年もつづきます。また、東大寺《とうだいじ》や高野山《こうやさん》も広大な荘園《しょうえん》をもつ領主《りょうしゅ》で、幕府《ばくふ》の守護《しゅご》・地頭《じとう》をたちいらせない権利《けんり》（守護不入《しゅごふにゅう》の権《けん》）をもちました。

真言律宗《しんごんりっしゅう》の広まり

◆真言律宗《しんごんりっしゅう》の誕生《たんじょう》

建仁《けんにん》三年（一二〇三）、南都《なんと》の学僧《がくそう》の貞慶《じょうけい》らが奈良時代の鑑真《がんじん》からの戒律《かいりつ》の道

西大寺《さいだいじ》　奈良時代に「東の大寺《おおてら》（東大寺《とうだいじ》）」にたいして「西の大寺《おおてら》」として建立《こんりゅう》された。

場である唐招提寺《とうしょうだいじ》で七日間の釈迦念仏《しゃかねんぶつ》という法会《ほうえ》をいとなみました。

それは東大寺再建《とうだいじさいこん》の総供養《そうくよう》がおこなわれた年のことです。その南都復興《なんとふっこう》のいぶきのなかで釈迦如来《しゃかにょらい》の戒《かい》を復活《ふっかつ》させて僧宝《そうほう》（鎮護国家《ちんごこっか》を祈《いの》る僧力《そうりょく》）を復興《ふっこう》しなければならないという戒律復興運動《かいりつふっこううんどう》がおこりました。

鑑真《がんじん》以来、僧《そう》になるために具足戒《ぐそくかい》とよばれる戒律《かいりつ》をさずかる儀式《ぎしき》はありましたが、しだいに形だけのものになっていました。戒律復興《かいりつふっこう》は、ただ厳粛《げんしゅく》に具足戒《ぐそくかい》をうけるというだけではすみません。むしろ、戒律《かいりつ》の精神をとりもどすことが重要でした。そこで、鑑真《がんじん》以前からおこなわれていた自誓受戒《じせいじゅかい》が復活《ふっかつ》しました。それによって民衆《みんしゅう》に新たな律宗《りつしゅう》を広めたのが叡尊《えいぞん》（一二〇一～一二九〇年）でした。

嘉禎《かてい》二年（一二三六）、叡尊《えいぞん》は東大寺《とうだいじ》で具足戒《ぐそくかい》をうけた学僧《がくそう》でしたが、さらに自誓受戒《じせいじゅかい》をしました。それは仏前で持戒《じかい》（戒《かい》をたもつこと）を誓《ちか》うことで、受戒《じゅかい》の師《し》はいなくてもかまいません。それはかんたんなようで、むずかしいことでした。叡尊《えいぞん》は何日も東大寺大仏殿《とうだいじだいぶつでん》にこもって、仏が目の前にあらわれるという体験をしたあとに受戒《じゅかい》したと自伝の『感身学正記《かんじんがくしょうき》』に記《しる》しています。

遁世《とんせい》の上人《しょうにん》

興福寺《こうふくじ》や比叡山《ひえいざん》は世俗《せぞく》の権力者《けんりょくしゃ》の貴族《きぞく》とむすびつき、僧《そう》の身分も出身の家によって決まりました。そんな僧《そう》の社会からぬけることを遁世《とんせい》とか隠遁《いんとん》といいます。遁世僧《とんせいそう》のなかには民衆《みんしゅう》に尊敬《そんけい》され、「上人《しょうにん》」とよばれる僧《そう》があらわれます。法然《ほうねん》も親鸞《しんらん》も遁世僧《とんせいそう》でしたが、その念仏《ねんぶつ》を禁じようとうったえる『興福寺奏状《こうふくじそうじょう》』を書いた僧《そう》・貞慶《じょうけい》も遁世僧《とんせいそう》で、興福寺《こうふくじ》から笠置寺《かさぎでら》にうつり「解脱上人《げだつしょうにん》」とよばれました。栂尾《とがのお》の髙山寺《こうざんじ》（京都市右京区）を復興《ふっこう》した明恵上人《みょうえしょうにん》も坐禅《ざぜん》・瞑想《めいそう》の修行をし、やはり専修念仏《せんじゅねんぶつ》を批判《ひはん》しましたが、ともに仏教の改革《かいかく》をめざした遁世僧《とんせいそう》だったのです。

（『蒙古襲来合戦絵巻』国立国会図書館蔵）

ところで持戒《じかい》は、戒律《かいりつ》の規則どおり生活し修行するというより、仏の弟子《でし》・信徒になり、戒名《かいみょう》をもらったりすることで仏の加護《かご》を願うことでした。今の葬式《そうしき》でも、亡《な》くなった人に戒名《かいみょう》をつけるのは冥土《めいど》のお守りにするためです。

叡尊《えいぞん》は奈良《なら》の西大寺《さいだいじ》を拠点《きょてん》にして人びとに受戒《じゅかい》をすすめました。それは、かんたんな方法です。受戒《じゅかい》する人の名を一人ひとり、交名帳《きょうめいちょう》という帳面に書きいれて仏と結縁《けちえん》させるのです。そうして叡尊《えいぞん》は、律宗《りっしゅう》を再興《さいこう》しました。

叡尊《えいぞん》はまた、宇治川《うじがわ》の岸辺など各地に放生所《ほうじょうしょ》をつくりました。殺生禁断《せっしょうきんだん》の戒《かい》をやぶらなければくらせない漁民に持戒《じかい》をすすめるとともに、生きものをはなす法会《ほうえ》（放生会《ほうじょうえ》）をいとなんで罪障《ざいしょう》（つみ・けがれ）をはらうのです。

◆モンゴル襲来《しゅうらい》と関東御祈禱所《かんとうごきとうしょ》

弘長《こうちょう》二年（一二六二）には叡尊《えいぞん》は幕府《ばくふ》の執権《しっけん》・北条《ほうじょう》氏にまねかれて半年ほど鎌倉《かまくら》に滞在《たいざい》し、弟子《でし》の忍性《にんしょう》（一二一七〜一三〇三年）が鎌倉《かまくら》の極楽寺《ごくらくじ》を拠点《きょてん》として関東に律宗《りっしゅう》を広めました。また、各地の国分寺《こくぶんじ》の再建《さいこん》もすすめました。

そして文永《ぶんえい》元年（一二六四）から西大寺《さいだいじ》で毎年、各地の弟子《でし》・信徒がつどって光明真言会《こうみょうしんごんえ》がおこなわれるようになりました。

それは七昼夜にわたる法会《ほうえ》で、罪障《ざいしょう》をはらうという光明真言《こうみょうしんごん》（「おん・あぼきゃべいろしゃのう　まかぼだら　まに　はんどま　じんばら　はらばりたや　うん」と大日如来《だいにちにょらい》をたたえる霊句《れいく》）をとなえつづけます。そして、その年に亡《な》くなった人の名を記した過去帳《かこちょう》を読みあげて成仏《じょうぶつ》のしるしとしました。このため、叡尊《えいぞん》の律宗《りっしゅう》は真言律宗《しんごんりっしゅう》といいます。また、本山の名から西大寺流《さいだいじりゅう》とよばれました。

西大寺流《さいだいじりゅう》では日照りのときの雨乞《あまご》いの祈禱《きとう》などもさかんにおこないました。

そのころ、地震《じしん》や飢饉《ききん》などの災害《さいがい》がよくおこりました。さらに、モンゴル襲来《しゅうらい》がせまる永仁《えいにん》六年（一二九八）には西大寺《さいだいじ》・極楽寺《ごくらくじ》をはじめ、諸国《しょこく》の西大寺流諸《さいだいじりゅうしょ》

モンゴル軍《ぐん》　太鼓《たいこ》であいずする集団戦法、破裂《はれつ》する「てつはう」に武士たちはとまどい、苦戦した。

寺《じ》が「関東御祈禱寺《かんとうごきとうじ》（将軍御祈禱所《しょうぐんごきとうしょ》）」とされました。「関東」は幕府《ばくふ》のことで、真言律宗《しんごんりっしゅう》は幕府《ばくふ》の仏法《ぶっぽう》になったのです。

◆布施屋《ふせや》をつくる

真言律宗《しんごんりっしゅう》は、奈良《なら》時代の行基《ぎょうき》にならって病人や孤児《こじ》をたすける布施屋《ふせや》（悲田《ひでん》院《いん》）をつくりました。それはただ、かわいそうだからというのではありません。孤児《こじ》や病人は布施《ふせ》をうけることによって、布施《ふせ》をする人の慈悲《じひ》の功徳《くどく》をそだてて、その人の幸福をふやすという悲田《ひでん》・福田《ふくでん》という考えかたによる社会活動です。

奈良時代には光明皇后《こうみょうこうごう》が施薬院《せやくいん》・悲田院《ひでんいん》をつくったことが有名ですが、鎌倉《かまくら》時代には行基《ぎょうき》（六六八〜七四九年）にならって民間の悲田《ひでん》・福田《ふくでん》運動がおこったのでした。鎌倉《かまくら》には極楽寺《ごくらくじ》のある大仏のあたりに大きな布施屋《ふせや》がつくられ、大仏《だいぶつ》布施屋《ふせや》とよばれました。

◆山鳥の歌

奈良時代の行基《ぎょうき》は民間の聖《ひじり》たちの理想のすがたにもなりました。鎌倉《かまくら》後期にあまれた勅撰和歌集《ちょくせんわかしゅう》の『玉葉和歌集《ぎょくようわかしゅう》』に行基《ぎょうき》の作だという歌があります。

「山鳥のほろほろと鳴く声聞けば　父かとぞ思ふ　母かとぞ思ふ」

亡《な》き父母が鳥や獣《けもの》に生まれかわっているかもしれない。遠い過去世《かこぜ》までたずねれば、生きものはみな親子きょうだい。このような生命のつながりは仏教の輪《りん》廻転生《ねてんしょう》という考えかたから広まり、今もよくいわれます。

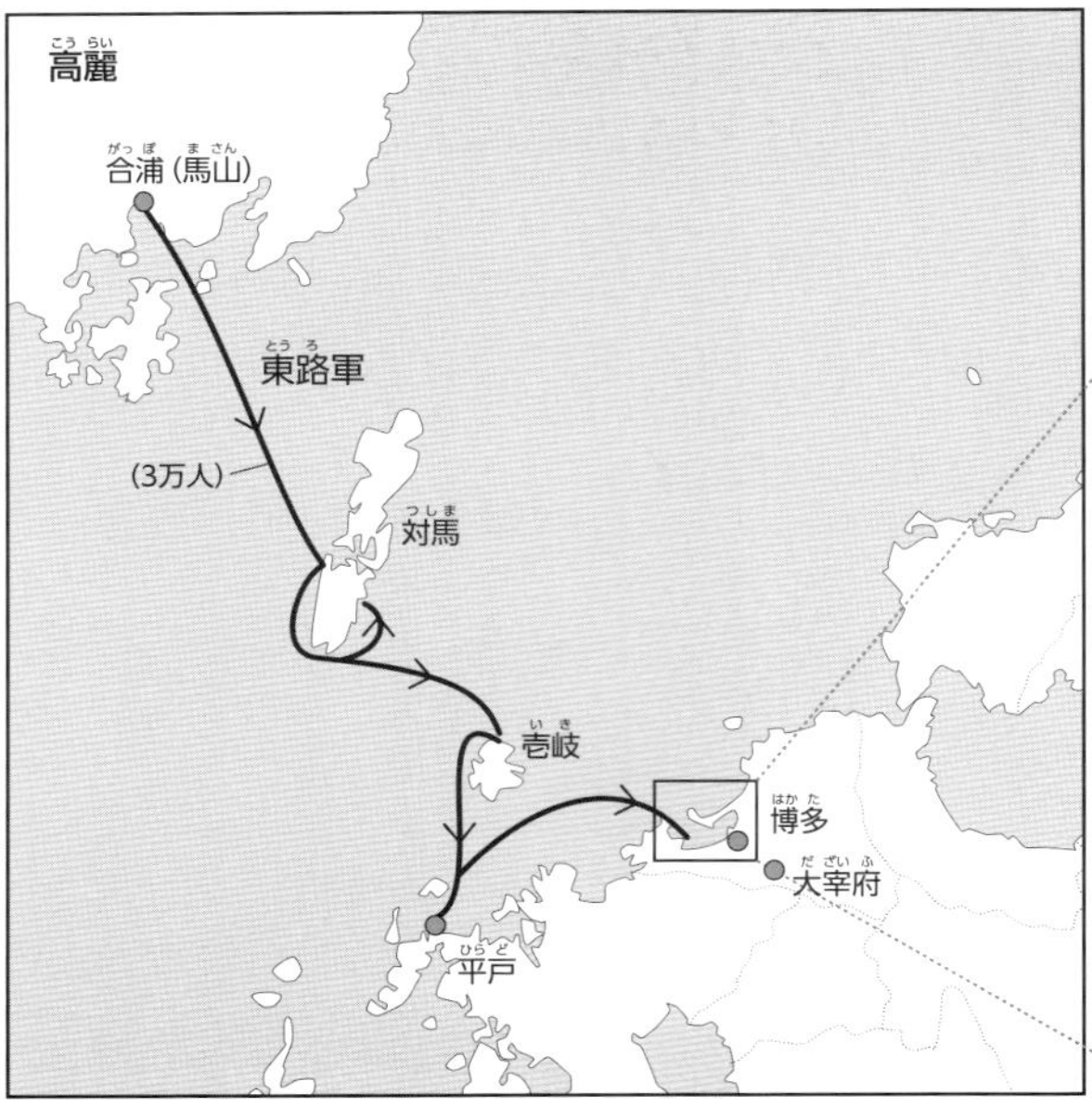

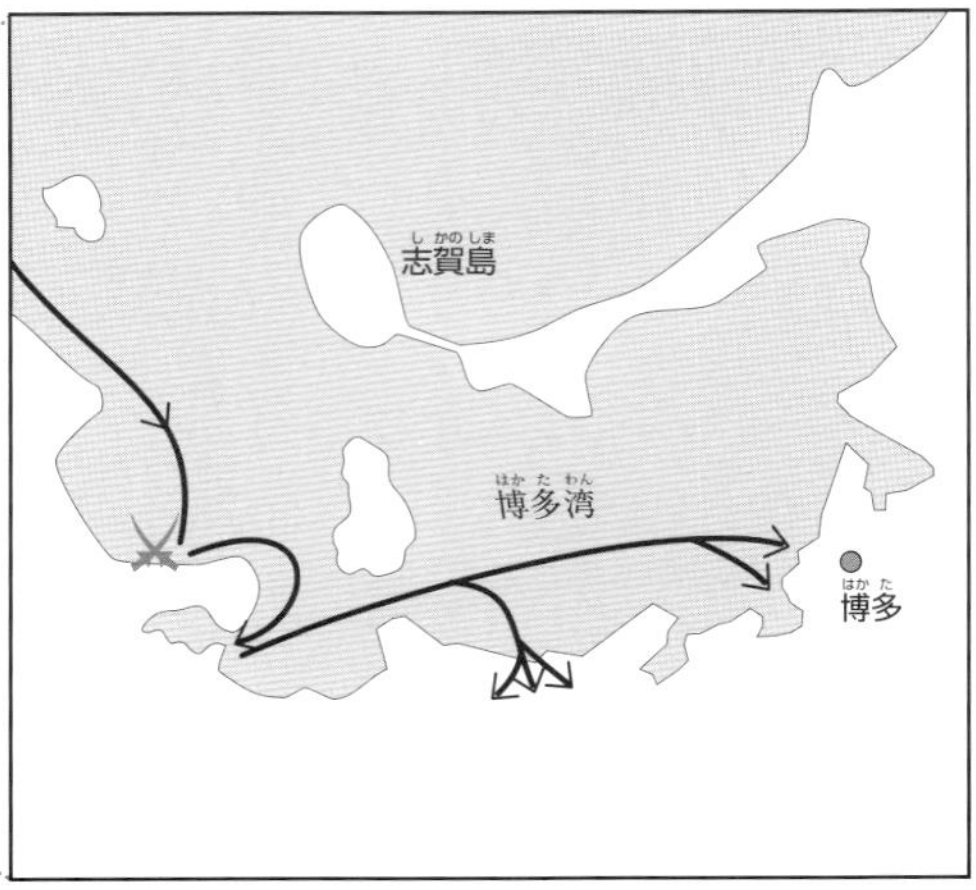

元軍《げんぐん》進路
文永《ぶんえい》の役《えき》(1274年)

文《ぶん》永《えい》・弘《こう》安《あん》の役《えき》と神仏

◆**文永《ぶんえい》の役《えき》**

文永《ぶんえい》五年（一二六八）一月、高麗《こうらい》の使者がモンゴルの国書《こくしょ》（国の外交文書）をもって九州の大宰府《だざいふ》にやってきました。日本との国交を求めるものでしたが、大陸で帝国《ていこく》をきずき、朝鮮《ちょうせん》半島の高麗《こうらい》も支配下においたモンゴルが次に日本征服《せいふく》をねらってきたのです。その国書《こくしょ》にたいして朝廷《ちょうてい》は返事をしないことにし、対応は幕府《ばくふ》の執権《しっけん》・北条時宗《ほうじょうときむね》にゆだねられました。

時宗《ときむね》は西国沿岸《さいごくえんがん》の防備をかためるとともに、寺社に異国降伏《いこくごうぶく》の祈禱《きとう》をおこなわせました。そして文永《ぶんえい》十一年（一二七四）十月、モンゴル・高麗《こうらい》連合の約四万の軍が博多湾《はかたわん》などに襲来《しゅうらい》したのです。

十月二十日、日本の武士たちはモンゴル軍の集団戦法や、なれない武器にうちまかされ、博多《はかた》の町にせめこまれました。しかしモンゴル軍は、その日はそれ以上の攻撃《こうげき》をやめて軍船にひきあげました。その夜、暴風雨《ぼうふうう》がおそって多数の船がうちこわされたと伝えられています。これが文永《ぶんえい》の役《えき》です。

◆**弘安《こうあん》の役《えき》**

文永《ぶんえい》の役《えき》ははじめて日本本土に外国軍が侵攻《しんこう》してきた戦《たたか》いでした。国書《こくしょ》はきても外国軍の襲来《しゅうらい》がほんとうにあるとは思われなかったこともあり、幕府《ばくふ》が動員できたのは、おもに西国《さいごく》の御家人《ごけにん》にかぎられていました。

しかし、文永《ぶんえい》の役《えき》で「異国合戦《いこくがっせん》」が現実のものとなった衝撃《しょうげき》は大きく、幕府《ばくふ》は再度の襲来《しゅうらい》にそなえて博多湾《はかたわん》の海岸にえんえんと防塁《ぼうるい》（石造の防壁《ぼうへき》）をきずき

元軍進路《げんぐんしんろ》 弘安《こうあん》の役《えき》(1281年)

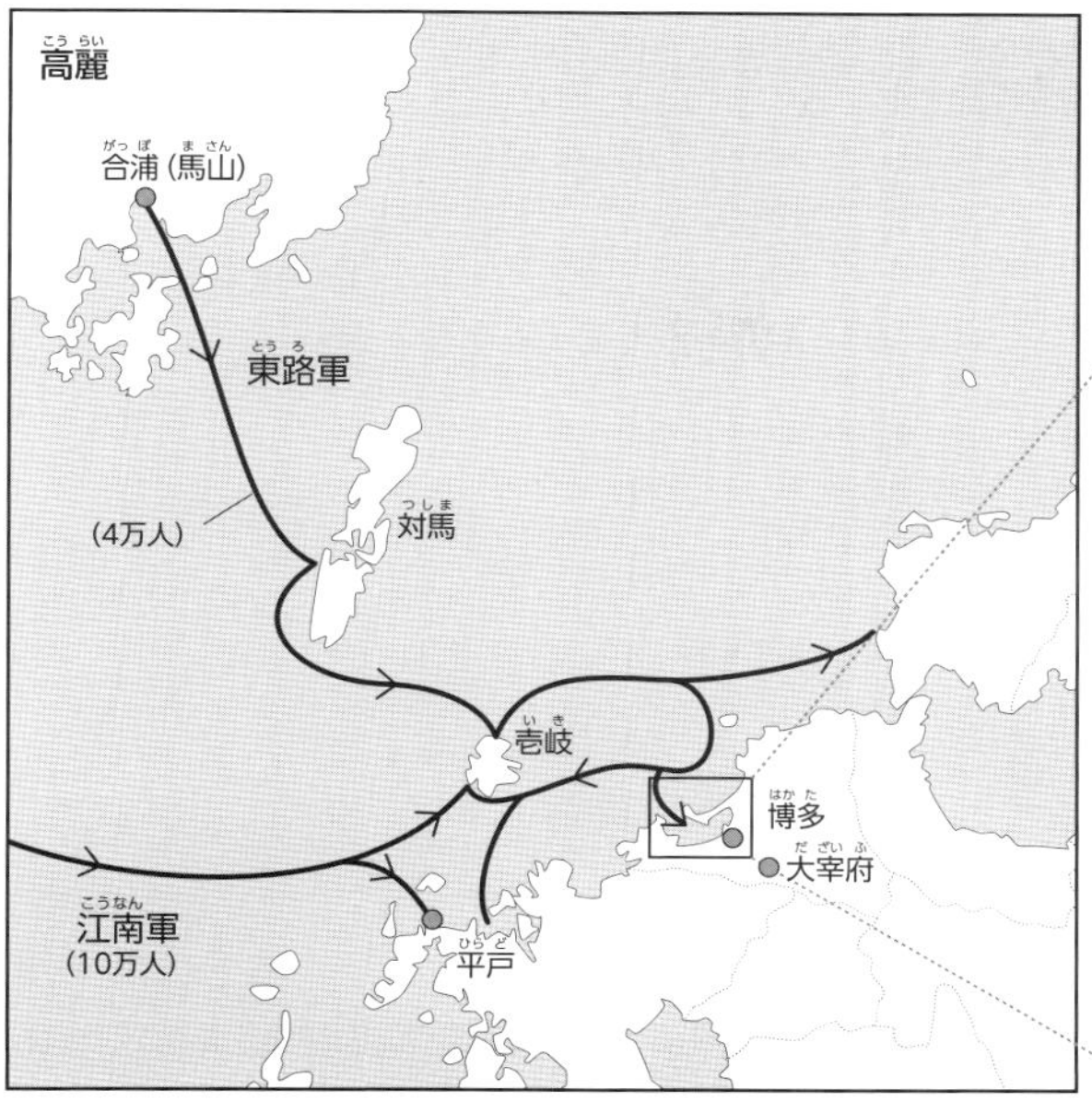

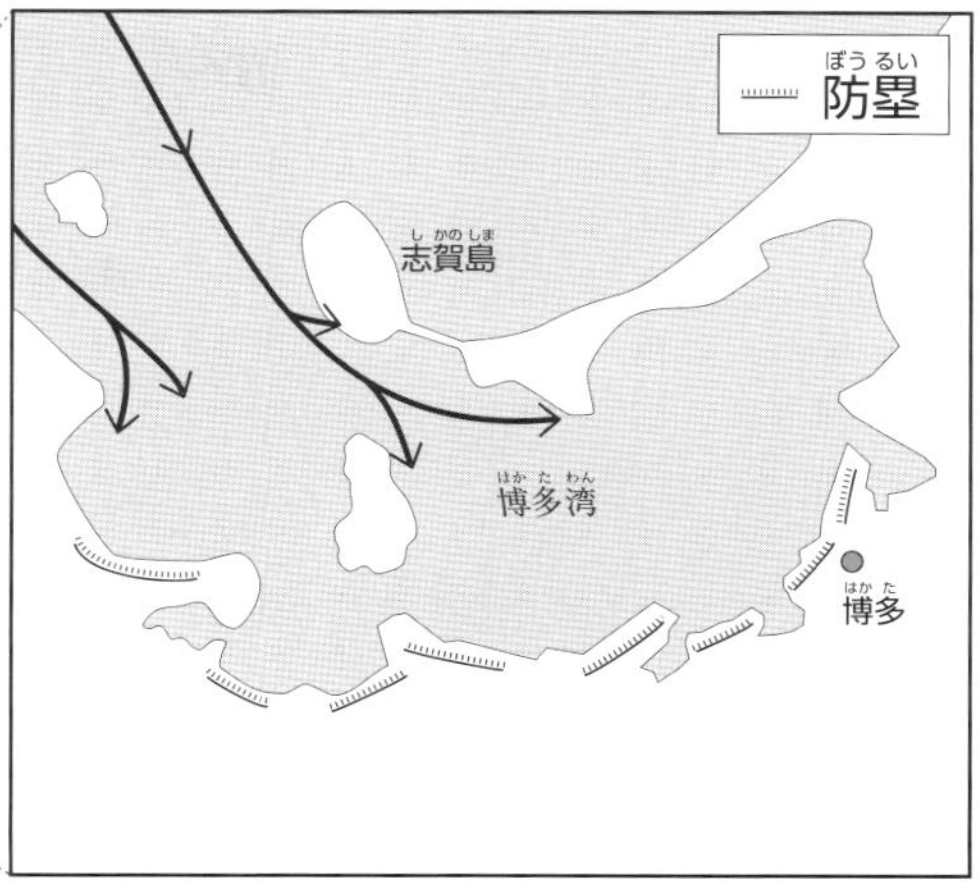

ました。それには御家人《ごけにん》だけでなく、貴族《きぞく》も寺社も荘園《しょうえん》の広さにおうじて負担《ふたん》を求められるなど、国をあげて異国合戦《いこくがっせん》にそなえることになりました。

なかでも幕府《ばくふ》の仏法になった禅宗《ぜんしゅう》は、漢民族の王朝である南宋《なんそう》から伝わったものです。もとは中国全土を支配した宋《そう》はモンゴルの元《げん》に北部をうばわれて中国南部におわれました。いっぽう、元《げん》はチベット系《けい》の仏教を国教としていました。その元《げん》に圧迫《あっぱく》された南宋《なんそう》の禅僧《ぜんそう》が日本に多くのがれてきたので、禅宗《ぜんしゅう》でのモンゴル撃退《げきたい》の祈禱《きとう》はいっそう真剣《しんけん》だったことでしょう。禅宗《ぜんしゅう》は、やはり関東御祈《かんとうごき》禱寺《とうじ》となった真言律宗《しんごんりっしゅう》とあわせて禅律《ぜんりつ》とよばれ、幕府《ばくふ》が保護《ほご》しました。

その動きのなかで、幕府《ばくふ》の権力《けんりょく》は大きくなりました。そして、異国合戦《いこくがっせん》にたいしていっそう強硬《きょうこう》になり、来日したモンゴルの使者を斬首《ざんしゅ》してしまいます。

そのころモンゴル（元《げん》）は南宋《なんそう》の征服《せいふく》をすすめていましたが、一二七九年、ついに南宋《なんそう》は滅亡《めつぼう》。中国全土を支配した元《げん》の皇帝《こうてい》フビライは、今度はモンゴル・高《こう》麗《らい》の東路軍四万に南宋《なんそう》の軍兵《ぐんぴょう》をあつめた江南軍《こうなん》十万をくわえて襲来《しゅうらい》しました。弘安《こうあん》四年（一二八一）の弘安《こうあん》の役《えき》です。

今回は農具や種籾《たねもみ》なども積みこんで長期の駐屯《ちゅうとん》や植民をも企図《きと》した大規模《だいきぼ》な侵攻《しんこう》でした。ところが、博多《はかた》付近の海上にとどまるうちに、夏七月、台風におそわれ、モンゴル軍は十万人以上もの死者をだして潰滅《かいめつ》しました。

◆神風《かみかぜ》と神国《しんこく》ニッポン

鎌倉《かまくら》時代の『八幡愚童訓《はちまんぐどうくん》』という書物に、弘安《こうあん》の役《えき》のとき、真言律宗《しんごんりっしゅう》の叡尊《えいぞん》が弟子《でし》・信徒をひきつれて石清水八幡宮《いわしみずはちまんぐう》に参拝《さんぱい》し、異国退散《いこくたいさん》の祈禱《きとう》をおこなったと書かれています。石清水八幡宮《いわしみずはちまんぐう》は淀川《よどがわ》の岸辺の男山《おとこやま》にあり、平安《へいあん》時代に比叡《ひえい》山《ざん》とともに都を鎮護《ちんご》する神社になりました。その石清水八幡宮《いわしみずはちまんぐう》で叡尊《えいぞん》が祈《いの》ったところ、矢が九州をめざして飛んでいき、神風《かみかぜ》をふかせて異国《いこく》の軍船をうちこわし

源《みなもとの》　頼朝像《よりともぞう》　鎌倉《かまくら》時代は源《みなもとの》　頼朝《よりとも》が武家政権《ぶけせいけん》をひらいたことにはじまり、およそ150年つづいた。この頼朝像《よりともぞう》は「古都鎌倉《ことかまくら》」の市街をみおろす源氏山《げんじやま》にある。

てしまったということです。

このような「神風《かみかぜ》」伝説は古代からありましたが、暴風雨《ぼうふうう》で元軍《げんぐん》を撃退《げきたい》できたことによって、日本は神に守られている国だという神国思想《しんこくしそう》が非常《ひじょう》に強くなりました。それは、そののちの歴史を動かしていく観念にもなります。

鎌倉幕府《かまくらばくふ》の滅亡《めつぼう》

◆権力《けんりょく》を拡大《かくだい》した北条《ほうじょう》氏と幕府《ばくふ》の衰退《すいたい》

二度にわたるモンゴル襲来《しゅうらい》は、国防意識を強めて幕府《ばくふ》に権力《けんりょく》を集中させせました。なかでも、幕府《ばくふ》をとりしきる執権《しっけん》の職をにぎる得宗家《とくそうけ》（北条一門《ほうじょういちもん》の長）の権力《けんりょく》は絶大なものになったのです。

いっぽう、他の御家人《ごけにん》はまずしくなりました。代をついで小さく分割《ぶんかつ》された領地《りょうち》は、モンゴル襲来《しゅうらい》で戦ってもふえません。幕府《ばくふ》は借金を帳消しにする徳政《とくせい》令《れい》をだして御家人《ごけにん》をたすけようとしましたが、かえって世の中は混乱《こんらん》しました。そして、後醍醐天皇《ごだいごてんのう》の討幕《とうばく》のよびかけに各地の武士がたちあがり、元弘《げんこう》三年（一三三三）に鎌倉幕府《かまくらばくふ》は滅亡《めつぼう》。時代は建武《けんむ》の新政《しんせい》から室町《むろまち》時代へと動いていきます。

ところで、幕府《ばくふ》の滅亡《めつぼう》後も鎌倉《かまくら》は関東最大の都市でした。そのため、室町幕府《むろまちばくふ》は鎌倉公方《かまくらくぼう》・関東管領《かんとうかんれい》という役所をおいて関東をおさめましたが、やがて関東管《かんとうかん》領《れい》は足利《あしかが》（栃木県足利《あしかが》市）の守護大名《しゅごだいみょう》・上杉《うえすぎ》氏などにうつっていきました。

江戸《えど》時代の鎌倉《かまくら》は漁村のような地域《ちいき》になりましたが、建長寺《けんちょうじ》・円覚寺《えんがくじ》などの大寺院はつづき、「古都鎌倉《ことかまくら》」といわれる歴史と文化の都市になりました。その後も寺社は大きな力をもったからです。それについては第四巻《かん》でお話しします。

第十二章

神仏の中世

神話の再生

伊勢内宮《いせないくう》の図（『伊勢参宮名所図会』江戸時代・国立国会図書館蔵）

中世神話の誕生《たんじょう》

◆魔王《まおう》と天照大神《あまてらすおおみかみ》の約束

何ごとのおはしますかは知らねども　かたじけなさに涙《なみだ》こぼるる

西行《さいぎょう》（一一一八〜一一九〇年）が伊勢神宮《いせじんぐう》に参詣《さんけい》したときの歌です。西行《さいぎょう》は平《へい》安《あん》時代のおわりごろの僧《そう》で、旅に生き、歌人としても有名です。

この歌には、伊勢神宮《いせじんぐう》に参詣《さんけい》できたのがありがたくて涙《なみだ》がこぼれたとうたわれています。それには理由があります。皇祖《こうそ》の天照大神《あまてらすおおみかみ》をまつる伊勢《いせ》には寺をつくらず、僧《そう》がたちいることも禁《きん》じられていたからです。

しかし、奈良《なら》・平安《へいあん》時代からの神仏習合《しんぶつしゅうごう》が中世（鎌倉《かまくら》・室町《むろまち》時代）にはいっそうすすんで、伊勢《いせ》も例外ではなくなりました。その最初の大きなできごとは文治《ぶんじ》二年（一一八六）、東大寺《とうだいじ》の再建《さいこん》運動を大勧進職《だいかんじんしょく》としてすすめた重源《ちょうげん》（↓13ページ）が東大寺《とうだいじ》の僧《そう》ら七百人あまりをひきつれて伊勢神宮《いせじんぐう》に参詣《さんけい》し、付近で大般若経《だいはんにゃきょう》六百巻《かん》を読む転読会《てんどくえ》をおこなったことです。重源《ちょうげん》の夢に天照大神《あまてらすおおみかみ》があらわれ、

天逆鉾《あまのさかほこ》　九州・霧島連峰《きりしまれんぽう》の高千穂峰《たかちほのみね》の山頂《さんちょう》につきたてられている。

読経《どきょう》によって神に力をあたえて東大寺《とうだいじ》を再建《さいこん》せよと告《つ》げたからでした。

「読経《どきょう》によって神に力をあたえる」とは、神前でお経をあげて、神々の威力《いりょく》をたかめることです。そのため、平安《へいあん》時代には神社の境内《けいだい》に神宮寺《じんぐうじ》（宮寺《みやでら》）がたてられ、僧《そう》が毎日、神前でお経をあげるのが、ふつうでした。また、仏は日本の神々のすがたにもなるという本地垂迹《ほんじすいじゃく》の考えかたが広まりましたが、伊勢神宮《いせじんぐう》だけは別でした。しかしついに、伊勢神宮《いせじんぐう》でも読経《どきょう》が奉納《ほうのう》されたのです。

その動きのなかで古代の神話が語りなおされました。古代神話の『古事記《こじき》』では高天原《たかまがはら》の神イザナギ、イザナミが泥海《どろうみ》のようなところを天沼矛《あまのぬぼこ》でかきまぜると、そのしずくから秋津島《あきつしま》（日本）の島々がうまれたと語られています。しかし、中世神話では「天逆鉾《あまのさかほこ》」でかきまぜる前から泥海《どろうみ》の底に大日如来《だいにちにょらい》がいたといいます。大日如来《だいにちにょらい》は万物の中心で太陽のようにかがやいているという仏で、釈迦如来《しゃかにょらい》も阿弥陀如来《あみだにょらい》も、すべては大日如来《だいにちにょらい》の化身《けしん》（かりのすがた）とされます。

無住《むじゅう》という禅僧《ぜんそう》があらわした説話集『沙石集《しゃせきしゅう》』（一二八三年）では第一話「太《たい》神宮《じんぐう》（伊勢神宮《いせじんぐう》）の御事《おんこと》」を天逆鉾《あまのさかほこ》のことから語りおこして、伊勢神宮《いせじんぐう》が僧《そう》を近寄らせなかったのは、仏法《ぶっぽう》をまもろうとしたからだと語っています。

昔、この国がまだなかったころ、大海の底に大日如来《だいにちにょらい》の印文《いんもん》があった。神が御鉾《みほこ》（天逆鉾《あまのさかほこ》）を下して鉾《ほこ》のしずくがしたたったとき、第六天の魔王《まおう》（仏法をさまだける魔物《まもの》）がみて、「この国がうまれたら仏法が広まるだろう」と思い、じゃまをしようとやってきた。そこで天照大神《あまてらすおおみかみ》が魔王《まおう》に「わたしが三宝《ぼう》（仏《ぶつ》・法《ぼう》・僧《そう》）を近づけないので天にお帰りなさい」と告《つ》げ、魔王《まおう》を去らせた。この約束のために神宮の社殿《しゃでん》に僧《そう》は近づけない。それはひとえに天《あま》照大神《てらすおおみかみ》が仏法を魔王《まおう》からまもろうとしてのことであった。

熊野道《くまのみち》　世界文化遺産《せかいぶんかいさん》「紀伊《きい》山地の霊場《れいじょう》と参詣道《さんけいみち》」に登録されている熊野詣《くまのもうで》の道だ。（和歌山県那智勝浦町）

『沙石集《しゃせきしゅう》』では、すべては海の底の大日如来《だいにちにょらい》の印文《いんもん》からはじまったといいます。そして、「日本《にっぽん》印文《いんもん》は護符《ごふ》のことで、梵字《ぼんじ》の𑖪𑖽《バン》（大日如来《だいにちにょらい》のシンボル）などです。秋津島《あきつしま》（日本列島）」の底には大日如来《だいにちにょらい》の護符《ごふ》があり、列島は大日如来《だいにちにょらい》の身体であるといわれるようになりました。日本の山々は大日如来《だいにちにょらい》をはじめ、その化身《けしん》の神仏がいる霊場《れいじょう》となり、その霊場《れいじょう》ごとに神仏習合《しんぶつしゅうごう》の修験道《しゅげんどう》が発展《はってん》しました。

修験《しゅげん》は、ふだんは農業や商業などでくらす人びとが御師《おし》とよばれる人にみちびかれて霊場《れいじょう》の山にわけいり、六根清浄《ろっこんしょうじょう》（身も心も清めること）を体験し、あわせて厄除《やくよ》けや幸福を祈《いの》るものです。その峰々《みねみね》には大日岳《だいにちだけ》・薬師岳《やくしだけ》・地蔵岳《じぞうだけ》などの名がつけられ、神々の祠《ほこら》が山道のいたるところにあって、神仏をめぐる道となっています。その峰々《みねみね》を歩くのは心をしずめることから峰禅定《みねぜんじょう》ともいわれます。

◆和光同塵《わこうどうじん》

中世には和光同塵《わこうどうじん》（光を和《やわ》らげて塵《ちり》に同じくする）という言葉がさかんにつかわれました。『沙石集《しゃせきしゅう》』の「太神宮《たいじんぐう》の御事《おんこと》」には、「我《わ》が朝《ちょう》（日本）には和光《わこう》の神々がまずあらわれて人の荒《あ》れた心を和《やわ》らげ、仏法を信ずる方便《ほうべん》（手段《しゅだん》）とした。本《ほん》地《じ》（仏や菩薩《ぼさつ》）の深い利益《りやく》（さとり）をあおぎ、和光《わこう》の近い方便（身近な幸福）を信ずれば、現世《げんせ》には息災安穏《そくさいあんのん》の望みがかない、来世にはしずかな永遠の世界にいくであろう」と書いています。

和光同塵《わこうどうじん》とは「仏の光は強すぎ、経典の言葉はむずかしくてよくわからなくても、その力は祭りやお札《ふだ》にもあらわれる。また、塵《ちり》のように小さな自分でも、仏はたすけてくれる」ということです。

次の室町《むろまち》時代は能《のう》や茶道《ちゃどう》などの文化が発達しますが、いっぽうでは応仁《おうにん》・文明《ぶんめい》の乱《らん》（一四六七〜一四七七年）などの戦乱《せんらん》の世となりました。そのなかで戦国の大名《だいみょう》は神仏に戦勝を祈《いの》ったり、民衆《みんしゅう》が神仏の旗をかかげて戦ったりします。

武士と新仏教の誕生《たんじょう》

◆平安《へいあん》時代末期から鎌倉幕府滅亡《かまくらばくふめつぼう》まで

西暦《せいれき》	和暦《われき》	おもなできごと
一〇五三	天喜《てんぎ》一	平等院鳳凰堂建立《びょうどういんほうおうどうこんりゅう》。
一〇八六	応徳《おうとく》三	白川上皇《しらかわじょうこう》、院政《いんせい》をはじめる。
一一五六	保元《ほうげん》一	保元《ほうげん》の乱《らん》。
一一五九	平治《へいじ》一	平治《へいじ》の乱《らん》。
一一六七	仁安《にんあん》二	平清盛《たいらのきよもり》、太政大臣《だいじょうだいじん》になる。
一一七五	安元《あんげん》一	法然《ほうねん》、専修念仏《せんじゅねんぶつ》をとなえる（浄土宗開宗《じょうどしゅうかいしゅう》）。
一一七七	安元《あんげん》三	鹿ケ谷事件《ししがたにじけん》おこる。
一一八〇	治承《じしょう》四	以仁王《もちひとおう》の平家追討《へいけついとう》の令旨《りょうじ》だされる。源 頼朝《みなもとのよりとも》、伊豆《いず》で挙兵《きょへい》する。鎌倉《かまくら》の鶴岡八幡宮《つるがおかはちまんぐう》を現在の位置にうつす。南都《なんと》（奈良）の興福寺《こうふくじ》、東大寺《とうだいじ》など平家《へいけ》の軍勢により、焼け落ちる。『吾妻鏡《あずまかがみ》』が書かれはじめる。
一一八一	治承《じしょう》五	平清盛《たいらのきよもり》、没《ぼつ》。重源《ちょうげん》、東大寺再建《とうだいじさいこん》の大勧進職《だいかんじんしょく》につく。
一一八二	寿永《じゅえい》一	文覚《もんがく》が、江島《えのしま》神社に弁天《べんてん》を勧進《かんじん》する。
一一八四	寿永《じゅえい》三	一ノ谷《いちのたに》の合戦《かっせん》。源 義経《みなもとのよしつね》が平家《へいけ》をやぶる。
一一八五	元暦《げんりゃく》二	壇ノ浦《だんのうら》で平家滅亡《へいけめつぼう》。源 頼朝《みなもとのよりとも》、諸国《しょこく》に守護《しゅご》・地頭《じとう》をおくことを許される。
一一八六	文治《ぶんじ》二	西行《さいぎょう》、東大寺再建《とうだいじさいこん》のため、奥州《おうしゅう》に旅立つ。
一一八九	文治《ぶんじ》五	源 義経《みなもとのよしつね》、没《ぼつ》。奥州藤原《おうしゅうふじわら》氏滅亡《めつぼう》。
一一九一	建久《けんきゅう》二	栄西《えいさい》、臨済宗《りんざいしゅう》を伝える。
一一九二	建久《けんきゅう》三	源 頼朝《みなもとのよりとも》、征夷大将軍《せいいたいしょうぐん》になる。
一一九五	建久《けんきゅう》六	東大寺大仏殿落慶供養《とうだいじだいぶつでんらっけいくよう》に源 頼朝《みなもとのよりとも》と政子《まさこ》が参詣《さんけい》。

このころのようす ◎国内●国外

●九七九年、宋《そう》が中国を統一。

◎一〇五二年、「仏滅《ぶつめつ》二千年末法《まっぽう》の初年」

●一一二五年ころ、カンボジアでアンコールワットの建設はじまる。

◎一一二六年、奥州平泉《おうしゅうひらいずみ》に中尊寺《ちゅうそんじ》完成。奥州藤原《おうしゅうふじわら》氏栄える。

●一一二七年、宋《そう》は金《きん》に追われ、長江《ちょうこう》以南にうつる。

◎一一七七年から一一八一年ころに、平康頼《たいらのやすより》の『宝物集《ほうぶつしゅう》』成立。

一一九八	建久《けんきゅう》九	法然《ほうねん》、『選択本願念仏集《せんちゃくほんがんねんぶつしゅう》』を撰述《せんじゅつ》。栄西《えいさい》『興禅護国論《こうぜんごこくろん》』をあらわす。
一一九九	建久《けんきゅう》一〇	源 頼朝《みなもとのよりとも》、没《ぼっ》。
一二〇〇	正治《しょうじ》二	栄西《えいさい》が頼朝《よりとも》一周忌《しゅうき》の導師《どうし》をつとめる。寿福寺《じゅふくじ》を建立《こんりゅう》する。
一二〇二	建仁《けんにん》二	源 頼家《みなもとのよりいえ》、鎌倉幕府《かまくらばくふ》第二代将軍《しょうぐん》になる。建仁寺《けんにんじ》建立《こんりゅう》。
一二〇三	建仁《けんにん》三	源 頼家《みなもとのよりいえ》、将軍《しょうぐん》を廃《はい》され、第三代将軍《しょうぐん》に実朝《さねとも》がなり、北条時政《ほうじょうときまさ》が執権《しっけん》になる。
		運慶《うんけい》と快慶《かいけい》が東大寺南大門《とうだいじなんだいもん》の金剛力士像《こんごうりきしぞう》を制作する。
一二〇四	元久《げんきゅう》一	源 頼家《みなもとのよりいえ》、伊豆《いず》で殺される。
一二〇七	建永《けんえい》二	建永《けんえい》（承元《じょうげん》）の法難《ほうなん》。法然《ほうねん》は四国、親鸞《しんらん》は佐渡《さど》に流される。
一二一九	承久《じょうきゅう》一	源 実朝《みなもとのさねとも》、公暁《くぎょう》により暗殺される。
一二二一	承久《じょうきゅう》三	承久《じょうきゅう》の乱《らん》。後鳥羽上皇《ごとばじょうこう》は隠岐《おき》に流される。
一二二四	貞応《じょうおう》三	北条泰時《ほうじょうやすとき》、執権《しっけん》になる。親鸞《しんらん》、『教行信証《きょうぎょうしんしょう》』をまとめる（浄土真宗開宗《じょうどしんしゅうかいしゅう》）。
一二二六	嘉禄《かろく》二	鎌倉幕府《かまくらばくふ》、摂関家《せっかんけ》の子を将軍《しょうぐん》としてむかえる。摂家将軍《せっけしょうぐん》のはじまり。
一二二七	嘉禄《かろく》三	道元《どうげん》、曹洞宗《そうとうしゅう》を伝える。
一二三二	貞永《じょうえい》一	御成敗式目《ごせいばいしきもく》（貞永式目《じょうえいしきもく》）制定。
一二四四	寛元《かんげん》二	道元《どうげん》、永平寺《えいへいじ》（大仏寺《だいぶつじ》）を開山《かいさん》。
一二五二	建長《けんちょう》四	鎌倉大仏《かまくらだいぶつ》（阿弥陀仏《あみだぶつ》）造立《ぞうりゅう》はじめる。
一二五三	建長《けんちょう》五	日蓮《にちれん》、安房清澄寺《あわせいちょうじ》で法華信仰弘通《ほっけしんこうぐずう》をはじめる（日蓮宗開宗《にちれんしゅうかいしゅう》）。建長寺《けんちょうじ》建立《こんりゅう》。
一二六〇	文応《ぶんおう》一	日蓮《にちれん》、『立正安国論《りっしょうあんこくろん》』を得宗北条時頼《とくそうほうじょうときより》に献上《けんじょう》。
一二六六	文永《ぶんえい》三	『吾妻鏡《あずまかがみ》』の記録がとだえる。
一二六八	文永《ぶんえい》五	北条時宗《ほうじょうときむね》、執権《しっけん》になる。
一二七四	文永《ぶんえい》一一	文永《ぶんえい》の役《えき》。一遍《いっぺん》、念仏札《ねんぶつふだ》をくばりはじめる（時宗開宗《じしゅうかいしゅう》）。
一二八一	弘安《こうあん》四	弘安《こうあん》の役《えき》。
一二八二	弘安《こうあん》五	円覚寺《えんがくじ》建立《こんりゅう》。
一二八四	弘安《こうあん》七	北条時宗《ほうじょうときむね》、没《ぼっ》。
一二九七	永仁《えいにん》五	永仁《えいにん》の徳政令《とくせいれい》をだす。
一三三三	元弘《げんこう》三	鎌倉幕府滅亡《かまくらばくふめつぼう》。

◎一二〇五年、『新古今和歌集《しんこきんわかしゅう》』成立。

●一二〇六年、モンゴルのハンにチンギスが即位《そくい》する。

◎一二一二年、鴨長明《かものちょうめい》の『方丈記《ほうじょうき》』まとまる。

◎一二五〇年ころまでに、『平家物語《へいけものがたり》』がつくられる。

●一二五八年、朝鮮《ちょうせん》半島の高麗《こうらい》がモンゴルに征服《せいふく》される。

●一二六〇年、モンゴルのハンにフビライが即位《そくい》する。

●一二七一年、フビライ、国号を元《げん》にあらためる。

●一二七九年、元《げん》が南宋《なんそう》を滅《ほろ》ぼす。

●一三六八年、明《みん》が元《げん》を滅《ほろ》ぼし、建国。

◉監修　山折哲雄（やまおり　てつお）
1931年生まれ。宗教学者。東北大学文学部印度哲学科卒業。国際日本文化研究センター名誉教授。著書に『空海の企て』『日本の「宗教」はどこへいくのか』（角川選書）、『死を思えば生が見える』（PHP研究所）など多数。大角修との共著に『日本仏教史入門―基礎史料で読む』『日本の仏教を築いた名僧たち』（角川選書）などがある。

◉著　　大角　修（おおかど　おさむ）
1949年生まれ。東北大学文学部宗教学科卒業。著書は『日本ひらがな仏教史』（角川書店）、『日本のお寺と仏教の本』（学研）、『聖徳太子の言葉　十七条憲法』（枻出版社）など多数。

◉装画・イラスト………山本おさむ
◉本文デザイン·DTP····栗本順史［明昌堂］
◉企画・編集……………伊藤素樹［小峰書店］／大角修・佐藤修久［地人館］
◉校正……………………鷹羽五月
◉写真提供………………安養院／稲田禅房西念寺（稲田御坊）／永平寺別院長谷寺／江島神社／円覚寺／小野市／鎌倉市観光協会／鎌倉市まちづくり景観部／鏡忍寺／宮内庁／建仁寺／興聖寺／高徳院／香遊オンライン／國學院大學図書館／国際日本文化研究センター／国立国会図書館／下鴨神社／成願寺／浄土寺／専修寺／増上寺／知恩院／鶴岡八幡宮／奈良国立博物館／平等院／日吉大社／仏教美術天竺／宝仙寺／町田市立国際版画美術館／早稲田大学図書館

●引用部分は以下の図書によりました。
黒板勝美編『扶桑略記　帝王編年記』新訂増補国史大系　吉川弘文館
石田瑞麿訳注『往生要集』岩波文庫
貴志正造訳注『全訳吾妻鏡』新人物往来社
市古貞次校注・訳『平家物語』新編日本古典文学全集　小学館
福田秀一ほか校注『中世日記紀行集』新日本古典文学大系　岩波書店
神田秀夫ほか校注・訳『方丈記　徒然草　正法眼蔵随聞記　歎異抄』新編日本古典文学全集　小学館
教学伝道センター編『浄土真宗聖典』本願寺出版社
古田紹欽著『栄西　興禅護国論　喫茶養生記』講談社
野上弥穂子校注『正法眼蔵』岩波文庫
菊池良一『道元の漢詩　永平広録私抄』足利工業大学
米田淳雄編『平成新修　日蓮聖人遺文』地人館
小島孝之校注『沙石集』新編日本古典文学全集　小学館

新・日本の歴史

第三巻　武士と新仏教の誕生　鎌倉時代

NDC210　95p　27cm

2015年4月8日　第1刷発行

監　修　山折哲雄
　著　　大角　修
発行者　小峰紀雄
発行所　株式会社小峰書店 〒162-0066 東京都新宿区市谷台町4-15
　　　　電話／03-3357-3521　FAX／03-3357-1027　http://www.komineshoten.co.jp/
組　版　株式会社明昌堂
印　刷　株式会社三秀舎
製　本　小髙製本工業株式会社

ISBN978-4-338-29303-7

政《せい》治《じ》のしくみの変化

国のおさめかたのうつりかわり

律令政治《りつりょうせいじ》

飛鳥《あすか》・奈良《なら》・平安時代《へいあん》

天皇《てんのう》　朝廷《ちょうてい》

摂政《せっしょう》・関白《かんぱく》

摂政《せっしょう》・関白《かんぱく》は、天皇《てんのう》にかわって政治《せいじ》をおこなう役職。必要におうじておかれるものだったが、平安《へいあん》時代には藤原《ふじわら》氏が摂政《せっしょう》・関白《かんぱく》として大きな力をもった。

神祇官《じんぎかん》

太政官《だいじょうかん》

右大臣《うだいじん》　太政大臣《だいじょうだいじん》　左大臣《さだいじん》

民部省《みんぶしょう》・兵部省《ひょうぶしょう》・大蔵省《おおくらしょう》などの役所

中央

都

国（国司《こくし》）

国司《こくし》は国ごとにおかれ、その役所を国衙《こくが》といった。

国（国司《こくし》）

大宰府《だざいふ》

地方《ちほう》

国（国司《こくし》）

郡《ぐん》（郡司《ぐんじ》）　郡《ぐん》（郡司《ぐんじ》）

里《り》（里長《さとおさ》）　里《り》（里長《さとおさ》）　里《り》（里長《さとおさ》）　里《り》（里長《さとおさ》）

鎌倉時代《かまくら》

鎌倉幕府《かまくらばくふ》　将軍《しょうぐん》

執権北条氏《しっけんほうじょう》が権力《けんりょく》をにぎる。

執権《しっけん》

侍所《さむらいどころ》

御家人《ごけにん》をまとめ、軍事・警察《けいさつ》をつかさどる。

公文所《くもんじょ》（政所《まんどころ》）

幕府《ばくふ》の政治《せいじ》をおこなう。

問注所《もんちゅうじょ》

裁判《さいばん》をおこなう。

鎮西探題《ちんぜいたんだい》

九州地方をおさめる幕府《ばくふ》の役所。

六波羅探題《ろくはらたんだい》

幕府《ばくふ》が京都においた役所。（1221年《ねん》から）

鎌倉

地方

守護《しゅご》

国《くに》ごとにおかれ、御《ご》家人《けにん》をたばねる。

地頭《じとう》　地頭《じとう》

荘園《しょうえん》などの管理《かんり》・年貢《ねんぐ》の取りたて・警察《けいさつ》の仕事をする。

室町時代《むろまち》

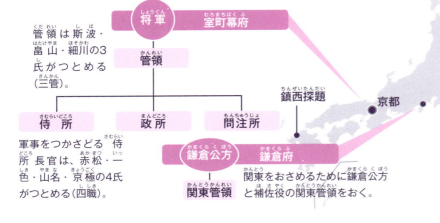

将軍《しょうぐん》　室町幕府《むろまちばくふ》

管領《かんれい》は斯波《しば》・畠山《はたけやま》・細川《ほそかわ》の3氏《し》がつとめる（三管《さんかん》）。

管領《かんれい》

侍所《さむらいどころ》

軍事をつかさどる侍所《さむらいどころ》長官は、赤松《あかまつ》・一色《いっしき》・山名《やまな》・京極《きょうごく》の4氏がつとめる（四職《ししき》）。

政所《まんどころ》

問注所《もんちゅうじょ》

鎮西探題《ちんぜいたんだい》

京都

鎌倉公方《かまくらくぼう》　鎌倉府《かまくらふ》

関東管領《かんとうかんれい》

関東《かんとう》をおさめるために鎌倉公方《かまくらくぼう》と補佐役《ほさやく》の関東管領《かんとうかんれい》をおく。

地方

守護《しゅご》

地頭《じとう》　地頭《じとう》

守護《しゅご》は地頭《じとう》を家臣にして領国《りょうごく》をおさめた（守護大名《しゅごだいみょう》）。守護《しゅご》のなかでも、三管四職《さんかんししき》の各氏は大きな力をもった。